贵州大学 2024 年度学术著作出版基金项目

王梦函◎著

GUZHI CHENGFENGU TIAOZHENG DUI
SHITI QIYE JINRONG ZICHAN PEIZHI DE
YINGXIANG YANJIU

股指成份股调整对实体企业金融资产配置的影响研究

中国财经出版传媒集团

经济科学出版社
Economic Science Press

·北京·

图书在版编目（CIP）数据

股指成份股调整对实体企业金融资产配置的影响研究／
王梦函著. —— 北京：经济科学出版社，2025.3.
ISBN 978 - 7 - 5218 - 6621 - 6

Ⅰ. F830. 91；F273. 4

中国国家版本馆 CIP 数据核字第 2025C03L86 号

责任编辑：张　燕　李　宝
责任校对：杨　海
责任印制：张佳裕

股指成份股调整对实体企业金融资产配置的影响研究

王梦函　著

经济科学出版社出版、发行　新华书店经销
社址：北京市海淀区阜成路甲 28 号　邮编：100142
总编部电话：010 - 88191217　发行部电话：010 - 88191522
网址：www. esp. com. cn
电子邮箱：esp@ esp. com. cn
天猫网店：经济科学出版社旗舰店
网址：http：//jjkxcbs. tmall. com
北京季蜂印刷有限公司印装
710×1000　16 开　13 印张　206000 字
2025 年 3 月第 1 版　2025 年 3 月第 1 次印刷
ISBN 978 - 7 - 5218 - 6621 - 6　定价：76. 00 元
（图书出现印装问题，本社负责调换。电话：010 - 88191545）
（版权所有　侵权必究　打击盗版　举报热线：010 - 88191661
QQ：2242791300　营销中心电话：010 - 88191537
电子邮箱：dbts@ esp. com. cn）

前　言

  实体企业涉足金融和房地产行业，配置金融资产的行为受到了理论界与实务界的广泛关注。2017 年国务院第五次全国金融工作会议强调金融工作要以"服务实体经济、防控金融风险"为核心。2019 年 3 月举行的第十三届全国人民代表大会第二次会议也提出"坚持实施稳健的货币政策，引导金融支持实体企业"的方针。2022 年 10 月召开的中国共产党第二十次全国代表大会强调，"要把金融发展的着力点放在实体经济之上，聚焦实体、服务实体、发展实体，促进实体经济成为中国式现代化的强劲支撑"。由此可见国家对实体经济发展的重视。企业作为国民经济的最重要的市场主体，实体企业涉足金融领域，配置金融资产也成为理论界与实务界探讨的重点话题之一。探讨影响企业金融资产配置的因素，以及研究这些因素通过怎样的驱动机制影响金融资产配置，从而为政府提供决策参考是非常必要的。

  资本市场会对微观企业投资行为产生重要的影响。股指成份股调整是我国资本市场一项重要的制度安排，也是一种重要的市场机制。由成份股调整引起的股票价格和交易量的变化是早期文献关注的重点。关于入选股指成份股对企业行为的研究还比较缺乏，尤其是入选股指成份股是否以及如何影响企业金融资产配置的研究还未引起学者的重视。一方面，入选成份股可能会发挥监督效应。入选股指成份股会增加资本市场各主体的关注，如分析师的关注与机构投资者持股，从而会强化对企业的监督，减少管理层机会主义行为。另一方面，入选成份股也可能导致压力效应。企业入选成份股后，管理层面临维持成份股地位等压力，这会促使管理层通过短视行为提高短期业绩。因此，入选股指成份股可能会导致企业金融资产配置发生改变。引导实体企业发展核心主营业务、回归实体业务本源不仅是实现企业长期稳定发展的核心目标，也是促进我国经济实现高质量发展的关键。

沪深300指数能够基本反映我国证券市场的运行状况，其成份股的市值大约占沪深两市总市值的60%，是投资者关注的市场标杆，其代表性和权威性已经得到广泛认可。因此，本书使用2009~2018年中国沪深A股上市的实体企业（剔除金融行业和房地产行业的企业）为初始研究样本，基于沪深300指数成份股调整规则，构造模糊断点回归设计（fuzzy regression discontinuity design, FRDD），首先，检验了入选成份股对企业金融资产配置的影响。在此基础上，本书从企业的不同属性特征出发探讨了入选成份股影响企业金融资产配置的异质性因果效果。其次，本书又进一步论证了入选成份股对不同类型的金融资产配置的影响以及异质性影响。最后，本书从多个角度出发探讨了入选成份股影响企业金融资产配置的路径机制。

本书主要得到以下研究结论：（1）入选沪深300指数成份股能够显著提升企业金融资产的配置，证明了入选成份股的压力效应发挥了主导作用。一系列的稳健性测试证明了回归结果的可靠性。（2）从代理成本、内部信息透明度、股权集中度、银企关系建立、企业市场势力、生命周期等六个方面进行异质性分析发现，代理成本的增加会提高入选沪深300指数成份股对金融资产配置的正向作用；内部信息透明度的提高、股权集中度的提高会抑制入选沪深300指数成份股对企业金融资产配置的正向影响；银企关系的建立会促进入选沪深300指数成份股对企业金融资产配置的正向影响；企业市场势力的提高会抑制入选沪深300指数成份股对企业金融资产配置的正向影响；处于成熟期和衰退期的企业，入选沪深300指数成份股对金融资产配置的促进作用更明显。（3）进一步的研究结果发现，入选沪深 300 指数成份股不仅促进了短期金融资产的配置，也促进了长期金融资产的配置。同时，本书进一步从代理成本、内部信息透明度、银企关系建立、股权集中度、企业市场势力以及企业所处的生命周期阶段论证了入选沪深 300 指数成份股对不同类型金融资产配置的异质性因果效果。这些研究结论显示了入选成份股的压力效应推动的金融资产投资主要是出于对短期利益的追逐。（4）在探究入选沪深 300 指数成份股影响企业金融资产配置的路径机制过程中，本书发现入选沪深 300 指数成份股并没有对分析师的关注度产生显著的影响；入选沪深 300 指数成份股对机构投资者持股显著的正向影响，主要来源于入选成份股增加了压力敏感型机构投资者持股。这些结论表明，从改善企业外部监督的角度来看，入选沪深 300 指数成份股并没有发挥有效的作用。入选沪深 300 指数成份股主要通过发挥压力效应对金融资产配置产生影响。进一步的机制研究发现，入选沪深 300 指数成份股主要是通过降低企业融资约束、提高股价同步性、增加社会责任信息披露概率等途径提高了企业金融资产配置。

本书可能的创新之处可归结为如下四个方面。

（1）发现并研究了影响企业金融资产配置的新因素——入选股指成份股。从影响企业金融投资的因素的视角来看，以往的文献更多的是关注经济政策不确定性、企业管理层特征、税收负担等因素，鲜少有文献从股指成份股调整的角度考察其对企业金融投资行为的影响。本书聚焦于资本市场制度安排，研究入选股指成份股对企业金融资产配置的影响。避免企业"脱实向虚"，引导企业回归主业发展，是实现我国经济转型与结构调整的关键步骤。本书研究对于进一步加强对成份股企业的监督，防止其因业绩压力而过度配置金融资产，更好地发挥资本市场制度安排在促进实体经济发展中的作用具有重要的启示。

（2）拓展了成份股调整影响效果研究的落脚点。从股指成份股调整的经济后果来看，尚未有研究关注其对企业金融资产配置的影响。本书不仅关注入选股指成份股对金融资产配置的影响，还进一步分析了入选股指成份股对短期和长期金融资产配置的影响。另外，从不同角度进行异质性因果效果讨论时，本书也证实了入选成份股推动企业金融资产配置的动机主要是基于逐利而非预防储蓄。这些讨论不但帮助厘清了入选股指成份股与实体企业金融资产配置之间的内在逻辑，而且对于如何防范金融风险，加强监管，促进微观实体企业可持续发展具有一定的参考意义。

（3）揭示了入选股指成份股影响金融资产配置的路径机制。本书通过寻找恰当的中间变量，搭建起入选股指成份股影响金融资产配置的因果链条。路径机制的分析使得本书的逻辑框架更加清晰明了，也有利于为监管部门防止企业"脱实向虚"提供理论与实证依据。

（4）针对研究问题，采用了更加可靠的因果识别方法。研究入选股指成份股对企业金融资产配置的影响时，很可能存在遗漏变量偏误和双向因果导致的内生性问题，采用 OLS 回归的方法会得到有偏的估计结果。国内的研究多以沪深 300 指数成份股调整为背景，采用双重差分模型评估入选成份股的经济后果。尽管双重差分模型可以缓解一定程度的内生性问题，但也仅限于解决由于观察不到的时不变的因素产生的内生性问题。本书参考现有文献，采用模糊断点的方法消除研究过程中因果倒置和（时变）遗漏变量导致的内生性问题，为论证入选沪深 300 指数成份股对实体企业金融资产配置的影响提供了更可靠的计量证据。

本书在撰写过程中得到了许多同行学者的支持与帮助。在此，首先要特别感谢我的博士生导师西南财经大学刘忠教授。刘教授在本书的选题论证、研究方法的选择、研究框架的构建以及手稿的修订等各个阶段，给予了我无私的支持与悉心的指导。刘教授深厚的学术造诣、严谨的治学态度以及勤勉的工作作风，一直是我学术道路上的榜样。在他的精心指导下，我不仅提升了自己的学术水平，也显著提高了本书的写作质量，并在学术研究的道路上迈出了更加坚定的步伐。此外，我还要感谢所有同行学者和研究人员在我的学术旅程中给予的宝贵帮助与启发。每一次深入的讨论、每一条中肯的批评，都让我受益匪浅，促使我的研究日益完善。在本书的撰写过程中，我还借鉴了大量学者的学术观点（已在参考文献中列出），在此向这些学者表示衷心的感谢。最后，谨向所有在本书完成过程中提供帮助的相关人士，致以诚挚的谢意！

目　录

第1章 绪 论

1.1 研究背景

1.1.1 现实背景

为了推进我国经济健康稳定发展，2017 年党的十九大报告提出，深化金融体制改革，增强金融服务实体经济能力，同时要强化监管，以免金融脱实向虚。与此同时，"服务实体经济、防控金融风险"的思想也在 2017 年国务院第五次全国金融工作会议被强调。2019 年第十三届全国人民代表大会第二次会议也提出"坚持实施稳健的货币政策，引导金融支持实体企业"的方针。2022 年 10 月召开的中国共产党第二十次全国代表大会强调，"要把金融发展的着力点放在实体经济之上，聚焦实体、服务实体、发展实体，促进实体经济成为中国式现代化的强劲支撑"。相关政策的发布说明了国家对企业配置金融资产问题的关注。实体企业金融资产配置也成为理论界与实务界探讨的重点话题之一。

2008 年国际金融危机之后，发达国家金融化程度仍比较高，但金融扩张的速度放缓。然而，对于中国而言，金融化在金融危机之后并没有放缓。从图 1.1 中可以得知，尽管中国金融业和房地产业的附加值所占份额低于制造业，但这一份额呈现持续增长状态，从 2005 年的 7.94% 增加至 2019 年的 14.87%，而制造业的附加值份额呈现持续下降趋势。有学者指出，经济结构的严重失衡是造成我国金融业和房地产业附加值较高的原因（谢富胜和匡晓璐，2020）。

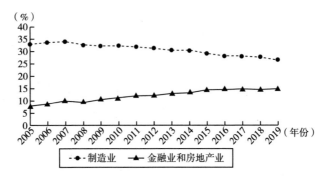

图 1.1　2005～2019 年中国制造业、金融业和房地产业附加值份额

资料来源：历年《中国统计年鉴》。

根据国家统计局数据，2008 年以前，我国制造业企业的整体利润率高达 10%。由于市场需求萎缩、产能过剩等，2018 年制造业企业的整体利润率下跌至 5%。而金融资产市场呈上扬态势已经成为典型事实（张成思和张步昙，2016）。从图 1.2 来看，自 2012 年以后，我国实体企业①金融资产占总资产的比例逐年提高，而实物资产的配置比例则呈下降趋势（企业除金融资产和实物资产外，还有其他资产②）。

由于金融投资更高利润的刺激，实体企业投资于金融市场和房地产市场已经成为不争的事实。过去房地产业的繁荣也吸引了不少企业转向房地产投资。企业购置房地产的目的不再是单纯地满足经营需要，而是

---

①　实体企业是指按照 2012 年证监会对上市公司的分类，剔除金融业和房地产业后的企业。除特殊情况外，后文所述的"企业"均指实体企业。

②　注：根据本书经综述文献归纳的金融资产范畴，金融资产占比 =（交易性金融资产 + 衍生金融资产 + 发放贷款及垫款净额 + 可供出售金融资产净额 + 持有至到期投资净额 + 投资性房地产净额）/ 总资产；实物资产占比 =（固定资产净额 + 无形资产净额 + 长期投资净额 + 在建工程净额）/ 总资产。本书度量的金融资产占比与实物资产占比二者相加之和并不等于 100%，其原因是除了本书度量的金融资产和实物资产的指标，上市企业其他资产还包括货币资金、应收账款、非流动资产等其他资产。图 1.2 中仅描述了本书所定义的两类资产配置情况随着时间的变化趋势，并不试图表明两者之间存在某种关系。考虑到会计准则的变化情况，该图仅报告了 2007～2018 年各项资产占比情况。

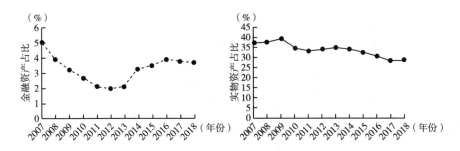

图1.2　2007~2018年实体企业金融资产与实物资产占比

资料来源：CSMAR数据库，由笔者整理获得。

借此投机获利。Wind数据显示，在2008年，A股上市企业所持有的投资性房地产金额为1286亿元，然而，到2020年，这一数字达到1.68万亿元。同时，Wind数据显示，50%的A股上市企业持有房地产投资。

企业金融资产配置，与实体投资一起，已成为实体企业投融资领域的一个重要话题。实体企业金融投资具有两面性：一方面，企业在资金富余的时候配置较多的金融资产，当未来经营或生产活动需要资金支持时，企业可以通过出售金融资产来反哺主业（胡奕明等，2017）。因此，企业配置金融资产可以起到降低企业经营风险的作用（Bloom et al，2010）。另一方面，如果企业配置金融资产是为了追逐金融资产收益，则会分散主营业务发展的资源，牺牲实体经济发展机会，造成对实体投资的"挤出"（Akkemik and Özen，2014；Tori and Onaran，2017）。不少学者证明了我国企业金融投资会挤出实体投资，加剧企业经营风险。谢富胜和匡晓璐（2020）证明，制造业企业投资金融资产会显著抑制企业的经营利润率，同时，这一抑制作用会随着企业利润率的下降而增强。万良勇等（2020）研究表明，企业金融投资降低了研发投入，从而抑制了创新产出。段军山和庄旭东（2021）也证明了企业金融投资会阻碍企业创新，主要表现在其不仅会抑制企业的技术创新投入，还会降低企业的技术创新产出。另外，彭俞超等（2018）研究发现，企业的金融投资会加剧股价崩盘风险。黄贤环等（2018）的研究结果表明，企业投资金融资产也会促使企业的财务风险增加。

探讨影响企业金融资产配置的因素，有利于研究人员从微观视角理解企业金融资产配置行为，从而可为避免实体企业"脱实向虚"提供更有针对性的决策参考。学者目前关注的影响企业金融投资行为的因素包括宏观环境（如经济不确定性）、行业特征（如行业竞争程度）和企业特征（如高管经历）等。本书试图探讨入选股指成份股对企业金融资产配置的影响。

股票指数是反映资本市场整体运行状况的重要指标，成份股调整也是一种重要的市场机制。股票指数一般是由指数公司和证券交易所基于相应的规则选取股票作为样本股，而后将其按照一定的标准进行计算得到。道琼斯指数是世界上历史最为悠久的股票指数，编制该指数的目的是反映美国股票市场的总体走势。自道琼斯指数问世后，各国基于本国国情开始编制股票指数，来反映资本市场的整体走势。

在我国，股票指数主要是由上海证券交易所（以下简称上交所）和深圳证券交易所（以下简称深交所）编制而成。指数系列主要包括中证系列指数、上证系列指数、深证系列指数、新三板系列指数等。这些指数可为投资者提供业绩评判指引信号（刘良师，2019）。其中，沪深 300 指数是实务界与学术界较为关注的股票指数。沪深 300 指数的管理主要由中证指数有限公司掌握，其编制主要由上海和深圳两家证券交易所联合进行。沪深 300 指数是由 300 只股票按照相应的指标加权得到的，这 300 只股票是沪深两市 A 股企业中在流动性和市值规模上比较具有代表性的股票。沪深 300 指数能够反映我国证券市场的运行状况，其成份股的市值大约占沪深两市总市值的 60%（梁上坤等，2020）。

为了确保股票指数能够准确地反映 A 股市场整体运行走势，中证指数公司制定了调整规则，以定期调整成份股样本。沪深 300 指数成份股每年的 6 月与 12 月会发生定期调整①。据笔者统计，自 2005 年 4 月中证指

---

① 沪深 300 指数成份股在 2013 年及其之前于每年的 1 月与 7 月发生调整；在 2014 年及以后，沪深 300 指数成份股于每年的 6 月与 12 月发生调整。

数公司公布300只成份股的名单后，当时公布的成份股目前只有54只仍出现在2020年12月调整后的成份股名单中，15年间成份股的调整幅度高达82%。笔者整理了自2005年以来沪深300指数每次定期调整时成份股的变动情况（见表1.1）。历次成份股的调整都会引起资本市场的广泛关注，如媒体与分析师的报道。指数基金会据此调整投资组合，上市公司本身也会通过信息披露等形式对自身进行相关宣传。

表1.1　　　　沪深300指数成份股调整情况（2005～2020年）

变更日期	调入/调出数量	变更日期	调入/调出数量
2005 – 07 – 01	14	2013 – 07 – 01	16
2006 – 01 – 01	14	2013 – 12 – 16	21
2006 – 07 – 03	29	2014 – 06 – 16	26
2007 – 01 – 04	30	2014 – 12 – 15	22
2007 – 07 – 02	28	2015 – 06 – 15	18
2008 – 01 – 02	30	2015 – 12 – 14	20
2008 – 07 – 01	19	2016 – 06 – 13	24
2009 – 01 – 05	18	2016 – 12 – 12	30
2009 – 07 – 01	24	2017 – 06 – 12	30
2010 – 01 – 01	16	2017 – 12 – 11	24
2010 – 07 – 01	18	2018 – 06 – 11	27
2011 – 01 – 04	26	2018 – 12 – 17	24
2011 – 07 – 01	23	2019 – 06 – 17	19
2012 – 01 – 04	24	2019 – 12 – 16	16
2012 – 07 – 02	18	2020 – 06 – 15	21
2013 – 01 – 04	15	2020 – 12 – 14	26

注：沪深300指数成份股每次调整时，调入与调出数量相等。调入/调出数量总计为710。
资料来源：原始数据来源于CSMAR数据库中的沪深300指数取样变更文件。由笔者整理得到。

除了资本市场各主体关注指数成份股调整之外，学术界也对股指成份股调整进行了大量的研究。早期的研究主要关注股票价格和成交量在成份股调整之后是否发生变化（Harris and Gurel，1986；Shleifer，1986）。但关于成份股调整对公司行为影响的研究较少，我国沪深300指数成份股的定期调整为研究入选成份股的影响提供了很好的研究样本。

在当前大的时代背景下，中国面临着避免企业"脱实向虚"的任务。

成份股的定期调整也是十分重要的制度安排。成份股的定期调整是否是企业配置金融资产的重要影响因素呢？成份股调整与企业金融资产配置之间是如何关联的呢？针对这一主题的研究不仅可以帮助进一步识别成份股调整对微观企业经济决策的影响效应，也可以从资本市场制度安排出发，为引导中国上市企业优化资产配置结构，规避金融风险，实现企业可持续与高质量发展提供相应的理论启示与实践参考。

1.1.2　理论背景

成份股调整的后果是学者关注的重点话题之一。早期关于成份股调整的研究主要集中在指数变更日前后相对较短的期间，成份股调整引起的股票价格变化和交易量变化。关于成份股调整是否具有信息含量也是学者争议的话题之一。一些学者基于市场有效性理论，认为股指成份股的调整并没有包含大量的信息，只是根据过往的情况进行调整的结果（Shleifer，1986）。然而，部分学者也认为成份股调整具有信息含量（Jain，1987）。现有研究已经逐渐从关注成份股调整的短期效应过渡到对长期效应的检验。当前主要集中在考察成份股调整对企业盈余预测（Denis et al，2003）、企业现金持有（Brisker et al，2013）、企业避税（Huseynov et al，2017）、融资决策（Cao et al，2019）、股价崩盘风险（叶康涛等，2018）等的影响。虽然关于股指成份股调整对企业行为影响的研究逐渐丰富，但总体来说还比较缺乏，尤其是关于中国资本市场上股指成份股调整如何影响企业行为的研究更为缺乏。

一方面，入选股指成份股可能会发挥监督效应。部分学者指出，股指成份股的信息获取成本相对较低，入选成份股通常会引起分析师关注的增加（Chen et al，2004；Chan et al，2013；Zhu et al，2017）。同时，成份股的选取一般是比较有代表性的股票，可得到投资者的认可（Cai，2007）。相对于非成份股，成份股企业的投资风险更低，更易受到各机构投资者以及指数基金的青睐（Pruitt and Wei，1989；Chen et al，2004；Chan et al，2013）。分析师的关注会增强企业的外部监督，这会增加管理层机会主义行为被发现的可能性，从而降低管理层机会主义行为（Chen et al，2015；李春涛等，2014），而机构投资者也会发挥监督效应，抑制管理层的机会主义（Parrino et al，2003）。另一方面，入选股指成份股可能会发挥压力效应。部分研究者指出，成份股的调整可能给管理层带来短期业绩压力，入选成份股增加的股价预期压力也会诱使管理层采取短视行为策略改善企业业绩，同时入选成份股带来的一系列益处，例如，企业知名度上涨、融资约束缓解、管理层声誉增加等也会促使管理层努力维持成份股地位。为了维持成份股地位，管理层会采取短视行为而做出有损企业价值的行为（叶康涛等，2018）。

企业金融投资目前是实务界与理论界比较关注的话题。一方面，企业配置金融资产可以起到储备资本，预防企业生产经营中的资金短缺问题；另一方面，由于金融投资的高收益特点，基于逐利的目的，企业将资金用于金融投资。对于管理层而言，金融投资的高收益可为其争取较高的薪酬，但是金融投资失败的后果一般并不会由管理层承担（徐经长和曾雪云，2010）。另外，由于研发、创新等实业投资是资金投入量较高的企业投资活动，其获得收益的回报周期较长，短期内很难实现增加业绩的目的。因此，管理层有很强的动机，尤其为了维持成份股地位，进行金融资产投资。在这样的情形下，股指成份股的调整究竟会如何影响企业金融资产配置呢？是否会进一步影响不同类型的金融资产配置呢？其背后的潜在机理是什么呢？目前尚未有文献进行探讨。

另外，国内关于股指成份股调整的其他经济后果的研究，多采用双重差分模型（difference in difference，DID）的方法。2006 年 6 月中证指数有限公司出台了备选股制度。根据沪深 300 指数成份股选样时的选样规则，中证指数有限公司按照流动性、市值对股票进行排序并设置了 15 只备选股名单。备选股与成份股名单同期发行，用来替换因退市、合并等其他原因不能再成为成份股的股票。国内学者多基于这一制度安排，采用 DID 的方法评估入选沪深 300 指数成份股的影响，但这种研究设计存在一定的缺陷。首先，DID 的方法解决的是由于观测不到的时不变（time-invariant）因素引发的内生性问题，而不能解决由于时变（time-variant）因素引发的内生性问题。其次，中证指数有限公司选样规则表明备选股之间存在排序问题，也即备选股之间是异质的，一些备选股会被替换成为成份股，而另一些却没有，证明替换成份股的备选股选择并不是随机的。最后，备选股的数据也并没有完全公开，投资者很难获取相应的信息。并且备选股只是适用于成份股企业出现退市、重组等需要临时调整的情况，因此选择备选股作为对照组存在一些不足（黄凯等，2021）。

考虑到股指成份股调整可能对企业金融资产配置产生影响，以及现有研究设计的局限，本书基于沪深 300 指数成份股遴选与调整规则，采用模糊断点设计（Fuzzy RDD）检验入选成份股对企业金融资产配置的影响。与其他因果识别方法相比，断点回归设计更接近于随机试验（Lee and Lemieux，2010；Cattaneo and Escanciano，2017a；谢谦等，2019）。断点回归设计的有效性可提升研究结果的可靠性。

1.2 研究内容与意义

1.2.1 研究内容

基于以上描述的现实背景与理论背景，本书的研究主要涉及四个方面的内容。

（1）入选沪深 300 指数成份股对企业金融资产配置的影响。本书利用 2009～2018 年在中国沪深 A 股上市的实体企业作为研究的样本，重点分析入选沪深 300 指数成份股对实体企业金融资产配置的影响①。本书根据沪深 300 指数成份股遴选与调整方案，采用断点回归设计的方法，并利用中心化后的日均市值排名作为驱动变量（forcing variable）来研究入选股指成份股对企业金融资产配置的影响。每半年沪深 300 指数都会重构，相应的指数成份股也会进行调整，这为本书研究采用断点回归设计提供了思路。断点回归得到可靠的因果效果的前提在于断点设计的有效性。为此，在实证分析部分，本书通过论证驱动变量未被操纵、连续性测试等证明了断点设计的有效性。

（2）入选沪深 300 指数成份股对企业金融资产配置影响的异质性因果效果。在得到入选股指成份股对企业金融资产配置的因果效果之后，本书从代理成本、企业内部信息透明度、银企关系建立、股权集中度、企业市场势力、企业生命周期等六个方面讨论了异质性因果效果。在此基础上得到的研究结论可帮助深入了解企业入选股指成份股对企业金融资产配置影响的潜在机理，从而可以帮助进一步厘清企业进行金融资产投资背后的潜在逻辑。

（3）入选沪深 300 指数成份股对不同类型的金融资产的影响。由于不同类型的金融资产流动性、持有期限、收益率等存在差异，受到入选沪深 300 指数成份股的影响可能不同。因此，本书进一步分析了入选沪深 300 指数成份股对企业短期金融资产配置和长期金融资产配置的影响。在此基础上进一步进行异质性因果效果分析，得到的研究结论可以进一步帮助加深对企业入选成份股动机的了解，并帮助厘清企业配置金融资产的意图。

（4）入选沪深 300 指数成份股影响企业金融资产配置的路径机制。进一步探究入选股指成份股影响企业金融资产配置的路径机制十分必要，这可以为解释股指成份股调整与金融资产之间的关系提供思路。为此，

---

① 考虑到 2008 年国际金融危机的影响，以及 2018 年以后新金融工具的会计准则发生了变化，本书的数据期限限定在 2009~2018 年（详见第 4.3.4 节）。

基于研究假设,本书首先验证了入选沪深300指数成份股对分析师的关注度和机构投资者的影响,发现入选沪深300指数成份股并没有增强分析师的关注,而入选沪深300指数成份股对机构投资者持股的正向影响源于入选成份股增加了压力敏感型投资者持股。因此,入选沪深300指数成份股可能并没有有效发挥监督效应。入选沪深300指数成份股主要通过压力效应影响金融资产配置。其次,本书从企业融资约束、股价同步性、社会责任信息披露三个角度出发,揭示了入选沪深300指数成份股促进金融资产配置的路径机制。

1.2.2 研究意义

1.2.2.1 理论意义

第一,目前研究企业金融投资行为的影响因素更多的是关注经济政策不确定性、企业管理层特征、治理特征等因素。鲜少有文献从股指成份股调整的角度考察其对企业金融投资行为的影响。本书研究从中国资本市场上的股指成份股调整角度出发,探讨了其对企业金融资产配置的影响。本书的研究主题补充了从股指成份股调整角度考察影响企业金融资产配置研究的不足。从股指成份股调整的经济后果来看,相关研究虽然逐渐增多,但总体来说还比较缺乏。关于成份股调整对企业金融投资的影响,搜集整理文献后,发现尚未有研究进行探讨。企业金融资产配置背后隐含着代理问题,而公司治理则与其息息相关。根据现有文献,成份股调整也会对公司治理产生影响。因此,进行成份股调整对企业金融资产配置影响的研究十分必要。另外,成份股调整是否具有信息含量一直是学者关注的重点,而早期研究成份股调整的价格效应和交易量效应的文献并未得到一致的结论。因此,本书探讨入选沪深300指数成份股对企业金融资产配置的影响,不仅可以进一步丰富股指成份股调整影响企业行为和企业决策的研究,拓展公司治理机制的相关分析,同时在长时间窗口期间，本书的研究结论也可以对指数调整是否具有信息含量这一争议提供实证证据。

第二，入选沪深 300 指数成份股对于企业金融资产配置具有异质性因果效果。在论证了入选沪深 300 指数成份股的压力效应导致企业金融资产配置增加后，本书还结合企业金融资产配置现状，从代理成本、内部信息透明度、银企关系建立、股权集中度、市场势力、企业生命周期等角度考察了入选沪深 300 指数成份股对金融资产配置的异质性效果。通过论证代理成本、企业内部信息透明度以及股权集中度变化引起的异质性效果，进一步证实了入选沪深 300 指数成份股促进企业金融资产配置的内在原因，确实是因为代理问题加剧引起的。该结论也在一定程度上提供了股指成份股调整影响企业治理水平的证据。通过论证银企关系、市场势力、企业生命周期引起的异质性效果，发现在压力效应下，入选成份股导致的金融资产配置增加主要是基于对短期利润的追逐，这进一步厘清了入选沪深 300 指数成份股促进企业配置金融资产的潜在逻辑。

第三，不同类型的金融资产在企业的发展中扮演着不同的角色。本书进一步探究了入选沪深 300 指数成份股对于不同类型金融资产配置的影响，发现入选股指成份股不仅增加了短期投机性金融资产的持有，也增加了对收益率高的长期金融资产的持有。这些研究结论有助于进一步确认企业配置金融资产的动机，也有助于丰富金融资产配置动机的理论研究。

第四，本书还重点讨论了入选沪深 300 指数成份股影响企业金融资产配置的路径机制。多数研究支持入选股指成份股会发挥监督效应，从而改善企业的外部治理环境。本书的研究结论则支持了入选股指成份股的压力效应占主导作用。在压力效应下，入选沪深 300 指数成份股带来融资约束的缓解、股价同步性的增加、社会责任信息披露概率的提高，会导致金融资产配置的增加。机制探讨部分是股指成份股调整与企业金融资产配置之间关系研究的重要补充，使得因果链条更加清晰，也使得文章框架更加完整。

1.2.2.2　实践意义

首先，股票指数是资本市场重要的指标之一。本书拓展了股指成份股调整经济后果的研究，本书的实证结果表明入选沪深300指数成份股能够促进企业金融资产配置，证明了入选沪深300指数成份股主要通过发挥压力效应影响企业金融资产配置。在分析异质性影响的过程中，入选股指成份股的压力效应确实加剧了代理问题，而外部监督的增强和内部信息透明度的提高可以有效缓解入选成份股对金融资产配置的促进作用。通过探讨银企关系等导致的异质性因果效果，本书也发现，入选成份股导致企业增加金融资产配置主要是基于逐利动机。相应的研究结论有助于更全面地认识股指成份股调整的经济后果。

其次，在分析入选股指成份股对企业金融资产配置的路径机制时，本书发现，入选沪深300指数成份股缓解了企业的融资约束，而融资约束的缓解增加了金融资产投资的资金来源。入选沪深300指数成份股也增加了股价同步性，从而推动了金融资产投资增加。入选股指成份股提高了社会责任信息披露的概率，但是由于社会责任信息披露的掩盖作用也增加了企业对金融资产的持有。从长期投资的角度来看，入选沪深300指数成份股降低了企业研发投资，这也在一定程度上说明了入选股指成份股加剧了企业短视行为。这启示对入选成份股的企业应该提出更严格、更完善、更规范的信息披露要求，从而加强对企业有效的监督，避免企业过度配置金融资产，降低企业金融风险，实现资本市场健康有序地发展。

沪深300指数是第一个跨上海、深圳两市的综合指数，能够反映中国资本市场的总体运行形势。探讨入选沪深300指数成份股与企业金融资产配置之间的关系，对于进一步加强对成份股的有效监督，以避免由于入选成份股的压力而扭曲企业投资行为具有重要的现实意义。同时，实体企业的金融投资是实务界与理论界重点探讨的话题之一。本书从资本市

场切入，不仅丰富了对企业金融资产投资影响因素的研究，研究结果还
有助于进一步理解企业配置金融资产的意图，从而为防范金融风险提供
参考，对于监管部门加强监管、微观实体企业谋求可持续发展、避免企
业"脱实向虚"具有重要的现实意义。

1.3 研究思路、技术路线与方法

1.3.1 研究思路与技术路线

本书按照"提出研究问题——相关文献回顾——理论分析与实证检
验——结论与展望"的逻辑框架，采用规范化、结构化的研究方法来实
现研究内容。每章研究内容简介如下所述。

第1章是绪论。本章首先根据现实背景与理论背景提出关注的主要
问题及相应的现实与理论意义，其次介绍了本书的研究方法与研究思路、
章节安排和本书的创新之处。

第2章是理论基础与文献综述。本章主要从股指成份股调整与企业
金融资产配置两条主线来综述相关研究成果。具体而言，首先，本章介
绍了股票指数效应的概念及股票指数效应存在的原因。其次，梳理并归
纳了国内外股指成份股调整的经济后果的文献。最后，本书对金融资产
投资的外延、动机及影响因素进行综述。通过本章对文献的梳理，读者
可以较为清楚地了解与本书相关的文献背景，同时，文献的梳理也为后
续研究假设的推导奠定了基础。

第3章为制度背景与企业金融资产配置现状。首先本章主要从委托
代理理论、激励理论、交易成本理论以及信号传递理论构建股指成份股
影响企业金融资产配置的理论基础；其次阐述了沪深300指数成份股调整
的制度背景；最后讨论了不同企业性质下企业金融资产配置情况的差异。

第 4 章为股指成份股调整对企业金融资产配置的影响。首先，基于前述理论基础，本书从入选成份股的监督效应和压力效应推导出入选沪深 300 指数成份股影响企业金融资产配置的研究假设。其次，对二者之间的关系进行实证分析。实证分析主要进行了以下工作：第一，详细介绍了金融资产覆盖的范畴，并采用金融资产占总资产的比重作为本章的核心被解释变量。第二，本书以 2009 ~ 2018 年中国沪深 A 股上市公司为初始研究样本进行了实证检验（关于样本观察期如此确定的原因，请见本书第 4.3.4 节）。为了保证后续章节使用该方法得到的结果的可靠性，本书验证了断点设计的有效性。第三，通过对实证回归结果的解读与讨论，证明了入选沪深 300 指数成份股发挥压力效应影响金融资产配置，并通过改变方程设定、改变估计方法、使用不同带宽等手段进行稳健性检验来论证回归结果的可靠性。第四，本书从代理成本、内部信息透明度、银企关系建立、股权集中度、企业市场势力、企业生命周期等六个角度出发分析了入选沪深 300 指数成份股影响企业金融资产配置的异质性效果。

第 5 章为股指成份股调整对不同类型金融资产配置的影响。本书首先推导出入选沪深 300 指数成份股对不同类型金融资产配置的研究假设。在本章中，定义了两个核心被解释变量，分别是短期金融资产配置和长期金融资产配置（分别采用各类型金融资产占总资产比重来衡量），并以 2009 ~ 2018 年中国 A 股上市企业为研究样本对理论假设进行了实证检验。其次，基于代理成本、内部信息透明度、银企关系建立、股权集中度、市场势力、企业生命周期进行异质性因果效果分析。

第 6 章为股指成份股调整影响企业金融资产配置的机制。本章首先推导出入选沪深 300 指数成份股影响企业金融资产配置的路径理论假设，其次基于 2009 ~ 2018 年 A 股上市公司的数据进行实证检验。

第 7 章是结论、启示与展望。首先，本章根据前几章的理论分析与实证分析将研究内容进行梳理，并归纳出本书的核心研究结论。其次，结合得到的研究结论总结理论启示与政策建议。最后，本书分析了可能存在的局限性并对未来研究如何克服这些不足进行展望。

基于以上的研究思路，相应的研究技术路线如图1.3所示。

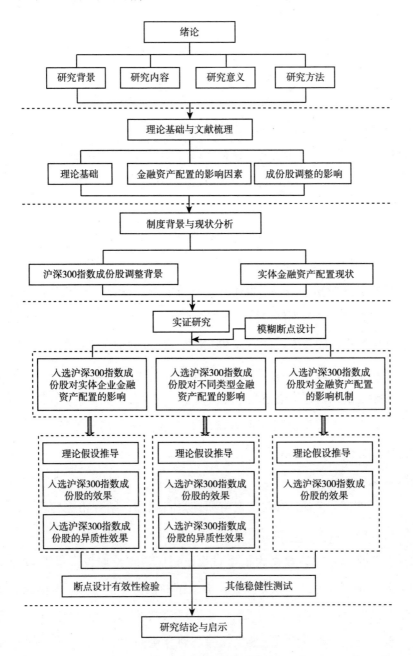

图1.3 研究技术路线

1.3.2 研究方法

（1）文献分析法。文献研究方法贯穿本书始终。其中文献内容包括与本书研究紧密相关的国内外关于股指成份股调整、企业投融资等理论和实证的文献，以及国内外评估股指成份股调整的实证方法类文献。在初始时期，本书从相关领域的中、英文高等级期刊收集相关文献。搜集文献的网站主要有中国知网、Wiley、Web of Science、Google 学术等。阅读时密切关注文献之间的联系，现有文献与本书研究之间的关联。分析现有研究的研究思路、研究内容、存在的问题与局限之后，本书对成份股调整与金融资产投资的关系进行梳理，这为本书提供了研究论点、思路以及支撑理论。

（2）比较分析法。本书也在部分章节采用比较分析法来对比研究对象之间的相似之处与不同之处。例如，在第 4.3.4 节，本书比较了入选沪深 300 指数成份股与未入选沪深 300 指数成份股的金融资产配置状况的差异、企业层面变量的差异。通过比较企业层面变量的差异，本书发现普通的最小二乘回归在本书研究中无法适用。在第 3.2 节，本书也比较了不同代理成本、内部信息透明度等情况下企业金融资产配置情况的差异。通过比较分析法，可以对我国上市公司金融资产配置情况有一个比较全面的认识。

（3）实证研究法。通过对已有研究进行梳理，结合相应的理论总结出股指成份股对企业投资行为可能存在的影响，以及相应的影响机制。同时，以搜集整理的数据为依据，验证相应的理论假说。基于 2009～2018 年在深圳、上海证券交易所 A 股上市的数据，本书采用模糊断点回归设计的方法，实证检验了入选沪深 300 指数成份股对企业金融资产配置的因果效果。本书的异质性效果探讨与路径机制的探讨，也同样基于模糊断点回归设计的方法实现。与其他方法相比，断点回归相当于一种随

机可控实验。本书使用模糊断点回归可解决研究过程中由于因果倒置和
遗漏变量导致的内生性问题，这可为本书研究提供更可靠的计量证据。

1.4 主要创新

本书可能的创新之处可归结为四个方面。

（1）发现并研究了影响企业金融资产配置的新因素——入选股指成
份股。从影响企业金融投资的因素的视角来看，以往的文献更多的是关
注经济政策不确定性、企业管理层特征、税收负担等因素。鲜少有文献
从股指成份股调整的角度考察其对企业金融投资行为的影响。本书聚焦
于资本市场制度安排，研究入选股指成份股对企业金融资产配置的影响。
避免企业"脱实向虚"，引导企业回归主业发展，是实现我国经济转型与
结构调整的关键步骤。本书对于进一步加强对成份股企业的监督、防止
其因业绩压力而过度配置金融资产，更好地发挥资本市场制度安排在促
进实体经济发展中的作用具有重要的启示意义。

（2）拓展了成份股调整影响效果研究的落脚点。从股指成份股调整
的经济后果来看，尚未有研究关注其对企业金融资产配置的影响。本书
不仅关注入选股指成份股对金融资产配置的影响，还进一步分析了入选
股指成份股对短期和长期金融资产配置的影响。另外，从不同角度进行
异质性因果效果讨论时，本书也证实了入选成份股推动的企业金融资产
配置的动机主要是基于逐利而非预防储蓄。这些讨论不仅帮助厘清了入
选股指成份股与实体企业金融资产配置之间的内在逻辑，而且对于如何
防范金融风险，加强监管，促进微观实体企业可持续发展具有一定的参
考意义。

（3）揭示了入选股指成份股影响金融资产配置的路径机制。本书通
过寻找恰当的中间变量，搭建起入选股指成份股影响金融资产配置的因

果链条。路径机制的分析使得本书的逻辑框架更加清晰明了，也有利于为监管部门防止企业"脱实向虚"提供理论与实证依据。

（4）针对研究问题，采用了更加可靠的因果识别方法。研究入选股指成份股对企业金融资产配置的影响时，很可能存在遗漏变量偏误和双向因果导致的内生性问题，采用 OLS 回归的方法会得到有偏的估计结果。国内的研究多以沪深 300 指数成份股调整为背景，采用双重差分模型评估入选成份股的经济后果。尽管双重差分模型可以缓解一定程度的内生性问题，但也仅限于解决由于观察不到的时不变的因素产生的内生性问题。本书参考现有文献（Cao et al, 2019），采用模糊断点的方法消除研究过程中因果倒置和（时变）遗漏变量导致的内生性问题，为论证入选沪深 300 指数成份股对实体企业金融资产配置的影响提供了更可靠的计量证据。

第2章 理论基础与文献综述

本章的主要内容涉及两个部分。第一部分依次对四大理论（即委托代理理论、激励理论、交易成本理论以及信号传递理论）进行阐述，为研究入选股指成份股对企业金融资产配置的影响奠定了理论基础。第二部分是文献综述，具体而言，首先，本书梳理了成份股调整对短期内股票的价格和交易量影响的文献。而后，整理并评述了成份股调整对企业其他经济行为和经济后果等方面产生影响的文献。其次，本书梳理了与金融资产配置相关的文献，包括金融资产的测度，影响金融资产配置的因素。通过对与本书相关文献的整理，为本书建立理论假设以及后续进行路径机制分析提供了参考。

2.1 理 论 基 础

2.1.1 委托代理理论

企业投资决策涉及的一个十分重要的问题就是委托代理问题。关于委托代理问题的研究可以分为两支：第一是基于数理模型在不完全信息条件下设计激励机制，以促使代理人维护委托人利益。具有代表性的文献包括格罗斯曼和哈特（Grossman and Hart, 1992）、哈里斯和拉维夫

(Harris and Raviv，1979)、哈特（Hart，1983）等。第二是通过实证方法研究股东、债权人以及经理人之间的关系，来分析企业的运营问题，具有代表性的研究包括詹森和梅克林（Jensen and Meekling，1976）、法玛和詹森（Fama and Jensen，1983）等。

在信息不对称的条件下，由于逆向选择和道德风险，契约的参与方容易产生冲突。委托代理理论的目标就是来解决委托人与代理人的目标和动机的冲突。着眼于现代企业的经营管理问题，股东与经理人也是在双方签订契约的基础上形成的委托代理关系。作为企业的所有者，股东不参与企业的日常生产经营活动，而是与管理者签订契约把企业的经营权让渡给管理者，并支付其一定的报酬。基于股东与经理人同属于经济人的假设，双方各自都倾向于追求自身利益的最大化。股东的诉求是实现企业财富的最大化，而经理人的目标则是实现个人利益的最大化，如在职消费、物质报酬、个人声誉。

由于所有权和经营权的分离，相对于企业所有者而言，管理者了解企业更多的信息，所有者往往通过企业的业绩来衡量管理者的水平。然而，由于不确定性因素和其他因素等，企业业绩很可能无法反映管理者的能力水平，由此，在股东和管理层之间会出现信息不对称问题。管理层可能为了自身利益而做出损害股东利益的行为。管理层会根据自身的需求来配置企业的各项资源，而罔顾股东的利益，这与股东利益最大化目标相背离，导致企业代理成本上升，企业绩效降低。降低股东与管理层之间的"道德风险"已经成了委托代理理论的核心问题。企业金融资产配置也与代理问题息息相关。在我国资本市场上，"重奖轻罚"现象十分明显，这也会助长管理层的机会主义行为（徐经长和曾雪云，2010）。由于实体经济低迷，而金融资产的投资收益率持续上升，企业管理层出于提高短期经营业绩，提高自身薪酬等自利主义的动机，会削减经营资产投资，增加用于配置金融资产的投资。尽管金融资产投资风险较高，但是管理层不会因为金融投资风险导致的损失而受到过重的惩罚。并且，管理层通过金融资产投资可以实现短期内粉饰企业业绩，维持股价的目的。在现代企业制度背景下，建立激励机制将股东和经理人的利益绑定，如予以经理人一定的股权或期权，建立与业绩挂钩的 CEO 薪酬机制（Core et al，1999；吕长江和张海平，2011），有助于减少管理者机会主义行为的发生。从监督机制来看，增强企业的外部监督和内部监督都能在一定程度上缓解这种机会主义行为。例如，提高企业的内部信息透明度会降低外部投资者了解企业信息的难度，加强对管理层的监督，从而缓解委托代理问题；大股东有较强的动机与能力监督管理层，适当地优化股权结构，提高股权集中度，也能在一定程度上约束管理层的短视行为。另外，股东为了更加有效地监督企业的经营与运行情况，也会通过要求管理层建立相关信息披露机制的策略加强对管理层的监督，以实现让管理者更好地履行管理职责的目的。

2.1.2　激励理论

经济学家亚当·斯密认为，人的本性是懒惰的，金钱激励会调动人的积极性，激励人们努力工作从而获得更多报酬，他提出了"经济人假设"。委托代理理论的基础就是"经济人假设"，认为企业的经理人是自利的，委托人需要通过契约形式促使经理人为委托人的利益最大化服务。一般而言，企业经理人的薪酬是由固定薪酬和激励性报酬组成。固定报酬并不能激发经理人的内在积极性因而其激励作用有限，激励性报酬是根据经理人的短期表现来衡量支付的，这是一种短期激励机制，也很容易导致经理人的短期行为。其他的激励形式如股权期权等显性激励方式能够激励经理人的长期行为，因为这部分报酬与企业的剩余索取权密切相关。实际上，经理人并非只扮演"经济人"的角色，也具有"社会人"的属性，其也具有对社会性需要的偏好。因此，非金钱激励因素也是激励理论中重要的一部分。部分学者也认为隐性激励比显性激励更加有效

（Sloof and Sonnemans，2011）。其中最具代表性的是法玛（Fama，1980）和霍尔姆斯特伦（Holmstrom，1999）的研究。他们认为，声誉是对个人的隐性激励，经理人过去的经营业绩表现会影响经理人未来的市场定价，这会存在声誉约束机制，促使经理人提高企业业绩。因此，即使经理人与企业之间没有显性激励合约，他们仍旧会注重提高业绩。

除了关注个人声誉的激励效应之外，学者也关注组织的声誉问题。威廉姆森（Williamson，1971）在研究企业纵向一体化与资产专用性时，提出声誉是对自身产品品质的承诺与担保，具有专用资产的特征。如果产品质量出现问题，前期针对形成良好声誉的投资将无法回收，这也会导致声誉传递良好质量的信号被中断（Williamson，1980）。这也意味着在存在信息不对称的资本市场上，企业本身的声誉能够起到信号传递的功能，能够表明企业的品质，并能够迅速让交易方识别。因此，从企业的角度出发，也愿意投资声誉专用资产。

良好的声誉不仅有利于经理人的职业发展，提高其市场定价（Fama and Jensen，1983），也会对公司经营业绩产生积极的影响。企业入选股指成份股本身就传递了一种企业经营业绩良好的信号，这会增强企业和经理人的声誉。良好的声誉是一种无形的资产，然而声誉一旦建立，就需要不断地维护和提升，否则企业建立起的声誉也会顷刻间坍塌。对于企业经理人而言，企业入选成份股后建立了良好的声誉，退出成份股可能会传递出企业经营不善的信号或是存在股价下跌的风险，企业经理人自身声誉也会受到影响。因此，经理人会被要求并且其自身也有很强的激励去获取和维护企业成份股地位。

2.1.3 交易成本理论

交易成本是科斯（Coase，1937）在《企业的性质》一文中提出的，它是指企业获取准确的市场信息时所需要付出的必要费用。不同的交易会涉及不同种类的交易成本。威廉姆森根据交易所处的阶段将交易成本划分为五种类型的成本，包括搜寻成本、信息成本、议价成本、决策成本以及监督交易进行的成本。而后，威廉姆森（1985）根据交易发生前后的特征，将交易成本划分为事前的交易成本和事后的交易成本。其中，事前的交易成本主要包括在签约过程中、谈判过程中以及保证契约执行过程中发生的成本等，事后的交易成本主要是指由于契约不能适应所导致的一系列成本。交易商品或资产的专属性，也即契约的终止会导致交易投资于资产上的成本无法收回，影响交易成本的高低。交易的不确定性也会影响交易成本的大小，通常在交易过程中，由于信息不对称问题的存在，为规避不确定性，买卖双方会通过签订契约来保障各自利益。此外，交易的频率也会对交易成本产生影响，交易频率的提高会增加交易的管理成本与议价成本，出于节省交易成本的目的，企业会将交易的经济活动内部化。

对于企业而言，其经营活动涉及两个市场：一是产品市场，企业是产品的供给方；二是要素市场，企业是要素的需求方。从企业金融资产配置行为来看，其与资本要素（如融资）需求密切相关。如果借贷市场上信息是完备的，也即借贷市场不存在摩擦，企业如果是通过融资配置金融资产可以通过签订借贷合约来获取外源融资，此时无任何交易成本发生。但是借贷市场上信息并非完备的，此时，订立借贷合约就存在交易成本。一方面，企业与金融机构相匹配或搜寻的过程中会产生费用；另一方面，在订立合约前，双方还会存在信息处理、讨价还价等各种行为。此外订立合约以后，借贷双方都需要采取一定的执行手段和监管手段来确保合约的履行。当事前的交易费用（搜寻、讨价还价等）较高时，会阻碍借贷契约的签订。借贷契约签订之后，贷方为避免借方无力偿还需要实施监管，借方为了防止贷方不及时提供贷款也会实施监管。因此，交易成本的存在会影响企业的借贷合约的签订而影响企业的外部融资获取，从而对金融资产配置产生影响。对于企业而言，如果与银行等金融机构建立联系，则会增加企业拥有的社会资源，也会降低企业和银行订立借贷合约过程中的交易成本。

入选成份股可能会使得企业在资本市场上的关注度增强，而加强企业公开信息的流动，也会促进企业主动披露信息，从而减少交易费用。另外，成份股调整可能会产生一种更低成本的信息披露机制。成份股的调整可能会引起资本市场上分析师、机构投资者等的关注。由于占据信息和知识优势，分析师与机构投资者可以采用专业知识对企业信息进行收集、分析和评估，分析师的研究报告会受到市场的重视（Jegadeesh et al，2004；Lehavy and Upda，2011），这也会对企业与市场主体（如银行等金融机构）之间的交易费用产生影响，从而对企业管理层的经营和投资决策产生影响。

2.1.4 信号传递理论

信息不对称理论是信号传递理论的基础。阿克洛夫（Akerlof，1970）首先提出了"柠檬市场"的概念，用来解释信息不对称的影响。市场存在买方和卖方两类交易主体，二者在信息的掌握程度方面存在较大差异。相对于买方，卖方属于信息占优的一方，而对于买方，其并不知道商品的真正价格，此时，市场上的平均价格成为判断商品本身质量的重要标准。在实际购买中，由于买方难以区分商品好坏，因此也只愿意支付平均价格。此时，对于较高质量的产品而言，因买方支付的价格无法达到卖方预期而退出市场，最终导致市场上只有低质量的产品。

信息不对称也是资本市场研究信息传递的基础。莫迪利亚尼和米勒（Modigliani and Miller，1958）提出，如果存在完美资本市场，那么对于外部投资者和企业而言，二者不会受到信息不对称的影响，双方均可以完全拥有信息，外部投资者可以完全掌握企业的所有信息，同时企业的资本结构也不会对企业的融资成本产生显著的影响，这就是著名的 MM

理论。然而，对于企业的管理层和外部投资者而言，公司管理层对公司拥有更加充分的信息，是信息优势的一方。而对于外部投资者，由于信息掌握并不充分，在交易中处于不利地位。由于投资者对公司的生产经营、未来发展、存在的商业风险等信息掌握不够全面，会影响其对企业价值的评估，从而导致逆向选择，造成市场资源配置效率低下。而为了弥补信息不对称带来的损失，投资者也会要求更高的资本回报率来弥补损失，使得外部融资成本往往高于企业内部融资成本（Myers，1984）。

信号传递理论认为，为了降低交易成本，提升企业的竞争优势，企业通过可被观察到的行为和适当的机制向市场以及外部投资者传递经营业绩良好的信号，从而获得投资者的价值认可。资本市场上，信号传递理论最早用于现金股利方面。巴恰塔亚（Bhattacharya，1979）构建了股利信号模型，认为在不完全信息条件下，外部投资者可以根据现金股利预期企业未来的盈利状况。埃尔法卡尼（Elfakhani，1995）的研究进一步发现，股利信号的价值主要受到股利增减、利好利空以及信号的模糊程度的影响。

即使企业释放出来的信号不能完全传递出企业的内部信息，但是外部投资者可以据此进行预测和评估。如果企业披露出来的信号能够在一定程度上显示出公司的状况，则可能引起市场的正向反馈。股票指数成份股的调整也可以视为一种信号的传递。成份股的选取是经过层层筛选得到的，且成份股一般是比较有代表性的股票，如行业中比较有代表性的企业。这些股票经过官方认证，更可能得到投资者的认可（Cai，2008）。股指成份股通常被视为蓝筹股，其投资风险较低（Shleifer，1986）。因此，入选成份股会向市场释放出公司经营良好、价值更高的信号，可塑造出企业稳定发展的良好形象，进而可以为企业带来一系列的外部资源支持。例如，银行等金融机构会认为成份股企业的盈利能力和未来股票收益在未来是乐观的，因此成份股企业在借贷过程中面临的交易成本相对较低，外部融资约束程度也相对较低。

2.2 股指成份股调整的文献综述

2.2.1 价格效应和交易量效应

作为衡量股票市场整体表现的重要指标之一，股票指数备受资本市场各主体的关注。股票指数一般由证券交易所和指数公司独立发布或联合发布。为了准确、及时地反映市场的整体变化，相关机构会对股票指数定期进行相应的调整，按照一定的标准定期选取有代表性的股票进入股票指数，这一系列的操作即为股指成份股调整，每期被纳入指数的股票一般称为股指成份股。股指成份股的定期调整不仅引起了资本市场的广泛关注，学术界也对指数（调整）效应展开了大量的研究。所谓指数效应，就是指成份股调整时，调入指数和调出指数的股票，其价格和成交量会出现异常上涨或下降现象（黄长青和陈伟忠，2005）。对于调入指数的股票，其股价在调整期间会出现上涨现象；对于调出指数的股票，其股价在调整期间会出现下跌现象。无论是调入指数还是调出指数的股票，其成交量在指数调整期间会出现较大幅度的变化。成份股调整的早期研究主要集中于探讨指数变更日前后相对较短的期间成份股调整引起的价格效应和交易量效应。

美国的标准普尔 500 指数（S&P 500 Index）是最早用于探讨股票指数效应的研究对象。施莱弗（Shleifer，1986）考察了 1976～1983 年，股票调入 S&P500 指数的影响，研究结果发现，调入股票的平均异常收益率在公布日到实际调整日为 2.79%。自施莱弗证明了指数效应的存在后，国内外研究人员开始加强对指数效应的研究。

国外学者对于指数效应的研究较为成熟，并具有完整的理论支撑。大量的国外研究证明了指数效应短期内是存在的，也即股票调入指数后，该股票的股价短期内会出现上涨（Harris and Gurel，1986；Shleifer，1986；Woolridge and Ghosh，1986；Dhillon and Johnson，1991；Lynch and Mendenhall，1997；Chung and Kryzanowski，1998；Elayan et al，2001）。哈里斯和古雷尔（Harris and Gurel，1986）研究表明，调入标准普尔 500 指数的股票会出现异常价格反应，其异常收益率在公告日为 3.13%，但是一段时间后，调入指数的股票的异常收益率会消失。伍尔里奇和高什（Woolridge and Ghosh，1986）研究表明，股票调入标准普尔 500 指数后，其平均异常收益率在公告日为 2.77%，且其成交量在公告日及其前后也会出现剧增。迪隆和约翰逊（Dhillon and Johnson，1991）检验了调入标准普尔 500 指数成份股对于公司股票价格、债权价格和期权价格的影响。他们研究发现，股指成份股调整发生后，股票的价格发生了超额收益，对应的期权和债权价格也出现显著上涨，并且股票的成交量也出现明显增加。林奇和门登霍尔（Lynch and Mendenhall，1997）基于 1990 年 3 月至 1995 年 4 月标准普尔 500 指数调整的样本，在公告日当天，调入指数的股票其平均异常超额收益率显著为正，公告日至实施日股票价格仍然表现为正的平均异常收益率。当股票调出指数时，公告日起就会出现负的超额异常收益率。钟和克雷赞诺夫斯基（Chung and Kryzanowski，1998）讨论了加拿大的 TSE300 综合指数调整的影响，发现调入指数的股票在公告日出现了 1.38% 的异常收益率。伊莱恩等（Elayan et al，2001）对新西兰 NZSE 40 指数的调整效应进行验证，发现调入指数的股票其平均异常收益率在实施日当天为正，具体为 2.13%，而被调出指数的股票的异常超额收益率为 -2.51%，但是长期来看调入指数并没有发生明显的价格效应。

就我国资本市场而言，其起步时间较晚，推出股票指数的时间也相对较晚，因此国内关于指数效应的研究还处于有待完善阶段。自 20 世纪 90 年代沪深证券交易所成立以后，上海和深圳两市陆续推出了上证 50、深证 100、沪深 300 等一系列指数，国内学者也纷纷对指数效应是否存在展开了研究。裘孝锋和徐剑刚（2004）基于 2002～2003 年深圳成指的数据分析了深圳成指调整的效应，发现调入股票的异常收益率在实施日显著为正，并且长时期的窗口内并不会发生反转，但是股票调出指数后，异常收益率为负且会发生反转。黄长青和陈伟忠（2005）选择上证 30 指数、上证 180 指数等四类指数作为研究对象，发现四类指数中，调入指数的股票价格和交易量大多数并没有出现显著的正向效应，但是调出指数的股票组合具有显著的负向价格效应和正向的成交量效应。

而后，在沪深 300 指数发布后，学者的研究对象也转向了沪深 300 指数。汪旭东（2009）研究了 2005 年 6 月至 2009 年 7 月沪深 300 指数成份股调整的影响，发现公告日当天调入指数的股票，其平均异常收益率表现为显著为正的现象，与此同时，调出指数的股票，其平均异常收益率则显著为负。袁鲲（2010）以 2005 年 1 月至 2008 年 11 月期间沪深 300 指数成份股调整为研究对象发现，在短期窗口内（公告日后的一周之内）调入成份股表现为显著为正的价格效应，调出成份股表现为显著为负的价格效应。但是对于长期效应事件窗口，只有调出股票获得了显著的正异常收益。范建华和张静（2013）基于 2009 年 6 月至 2011 年 12 月沪深 300 指数成份股调整的数据检验指数调整的效应时，发现在短期事件窗口，调出股票在公告日和实施日出现了显著的负异常收益率和交易量，调入股票则出现了显著为正的价格和交易量效应，但是调出股票的指数效应更为显著。调入股票的指数效应在长期事件窗口更为显著。姚东旻等（2016）基于 2008 年 6 月至 2014 年 12 月沪深 300 指数调整的数据分析指数效应时，发现调入指数给股票带来了正的异常收益率，调出股票相对于保留在指数中的股票收益率下跌，但宣告日第 6 天后就发生反转，并且显著性不足。

综合国内外文献，关于指数效应的研究越来越丰富和完善。由于各个国家资本市场发展所处的阶段与成熟度的差异，不同的国家指数效应也存在不同的差异。但是总体来说，现有的研究大多支持存在指数效应。

目前关于支持指数效应存在的原因主要包括四种假说：价格压力假说、向下倾斜的需求曲线假说、流动性假说、信息含量假说。

关于价格压力假说。该假说认为，如果股票的需求曲线只是满足在短期内向下倾斜的条件，那么股票指数调整后，跟踪该指数的指数基金等投资者，在短期内需求会随之发生变化。也即，调入指数后，由于市场对股票的需求增加，使得股票价格呈现显著上涨；调出指数后，由于股票的市场需求下降，导致股票价格出现下跌现象。但是，这种影响不是长期的，股票价格很快会恢复至之前的均衡水平。因为短期内价格和交易量的变化仅是投资者投资组合的暂时调整导致的，企业本身的业绩水平并未发生本质变化。由于调入指数导致的投资者对股票的过度需求，而后会因为价格的上涨或降低而被抵消，指数效应会发生完全反转（Harris and Gurel，1986）。拉莫鲁和万斯利（Lamoureux and Wansley，1987）、林奇和门登霍尔（1997）、王等（Wang et al，2015）、陆蓉和谢晓飞（2020）等学者的研究支持了该假说。

关于向下倾斜的需求曲线假说。有效市场假说认为，资本市场上的各类证券互为完全替代关系，也即股票具有完全需求价格弹性。但是如果资本市场上的股票不存在完全替代品时，股票的需求曲线是向下倾斜的。相对于非成份股而言，成份股的投资风险更低，投资优势更高，这意味着调入股票与未发生调入的股票、调出股票与保持在成份股指数内的股票之间在某些特征上存在差异。当股票调入成份股时，会导致对该股票的额外需求增加，相应地股票的价格会出现上涨。施莱弗（1986）研究标准普尔500指数调整的效应时，发现超额收益是长期存在的，股票价格的上涨与股票的价值没有关系。根据这个假说，需求曲线不仅在短期内是向下倾斜的，在长期内也是向下倾斜的（Shleifer，1986；Lynch and Mendenhall，1997）。

关于流动性假说。流动性假说认为，被调入的指数成份股会吸引更多的分析师、媒体和其他金融中介的广泛报道以及投资者调研公司，这会增加对成份股企业信息的解读，增加股票的流动性。流动性的提高也增加了股票的变现能力，减少了股票的交易成本，降低了投资者的必要收益率，从而导致股价永久上升（Amihud and Mendlson，1986；Mikkelson and Partch，1895）。贝尼什和加德纳（Beneish and Gardner，1995）、钟和克雷赞诺夫斯基（1998）、赫奇和麦克德莫特（Hegde and McDermott，2003）、贝克布里斯和保罗（Becker-Blease and Paul，2006）等一系列的研究为流动性假说提供了证据。

关于信息含量假说。调入指数的股票在一定程度上向外界传递了企业的经营状况与发展前景较为良好的信息，这会引起对该类股票市场需求的增加，从而导致股价的上涨。贾因（Jain，1987）认为，入选成份股往往意味着该股票具有相对较低的风险，同时也对外传达出公司具有行业代表性、经营状况相对稳定的信息。迪隆和约翰逊（Dhillon and Johnson，1991）研究标准普尔 500 指数股票时发现，调入股票指数的股票，其债权、期权等的价格发生显著上涨并非仅是指数基金投资组合调整带来的需求增加引起的，而是调入成份股向市场揭示了该只股票更多的信息。丹尼斯等（Denis et al，2003）发现对于加入股票指数的公司，分析师对其前景的预测更加乐观，进而增加了市场关注度。以上研究都印证了股指成份股调整蕴含着较多的信息。

2.2.2　股指成份股调整的经济后果

早期关于成份股的价格效应和交易量效应，学术界展开了大量的研究。近期关于成份股调整影响的研究也逐渐过渡到了其引致的其他经济后果。但总体来说，现有研究还比较缺乏。在本小节，本书将基于现有文献针对股指成份股调整引致的经济后果进行相关综述。

（1）股指成份股调整与企业信息环境。成份股的入选向外界传递了企业经营业绩良好、经营状况稳定、企业风险较小的信号，因此入选成份股的企业更易得到行业内的认可（Jain，1987）。丹尼斯等（2003）认为，公司的声誉和知名度在调入标准普尔 500 指数成份股后会显著增强，这会激励经理人勤勉尽责。通过检验成份股调整前后分析师盈余预期的变化，发现调入成份股会显著增加分析师的盈余预期，而分析师盈余预期的增加也会对投资者的投资偏好产生影响。普拉提卡诺娃（Platikano-va，2008）同样也发现，入选指数成份股之后，企业的透明度会提高，分析师的盈余预期会增加。分析师由于具备专业的分析能力，他们对于企业相关策略和相关报告的研究与解读，能够降低企业与投资者之间的信息不对称（He et al，2013）。朱等（Zhu et al，2017）研究发现，调入沪深 300 指数成份股会导致分析师关注增强，分析师的追踪与关注降低了获取入选股的信息成本，这表明调入股票指数可以显著改善公司的信息环境。王圣营（2020）以沪深 300 指数制度为背景，发现入选沪深 300 指数成份股实际上抑制了管理层的短视主义，从而显著提升了企业的环境信息披露质量。李挺和陆雪君（2021）研究了入选沪深 300 指数成份股对股价同步性的影响，发现入选股指成份股提高了企业的股价同步性，降低了股价信息含量。梁等（Liang et al，2022）发现，入选沪深 300 指数成份股导致了分析师更为乐观的预测，同时也发现入选沪深 300 指数增加了股价同步性。

（2）股指成份股调整与企业融资摩擦。曹等（Cao et al，2019）以罗素 2000 指数成份股调整为背景，采用模糊断点设计的方法，研究了入选罗素 2000 指数对企业融资决策的影响。其研究结果发现，入选指数成份股使得公司从银行融资转向通过股票发行融资；进一步的分析发现，调入指数成份股使得股票的流动性、股票需求的弹性和分析师的覆盖范围显著增加，但是调出指数成份股并未使得这些指标显著减少，支持了入选股指成份股改善了企业的信息环境从而缓解融资摩擦的论点。梁上坤等（2020）基于我国沪深 300 指数成份股调整为背景，考察了入选沪深

300 指数对企业融资约束的影响。其研究结果发现，企业入选成份股后，融资约束出现了显著下降，融资约束的下降来源于入选成份股显著地降低了企业的权益资本成本，而非债务资本成本。黄凯等（2021）研究了调入沪深 300 指数成份股对企业权益成本的影响时，同样发现调入股票的权益资本成本在下降。

（3）股指成份股调整与企业经营绩效。陈等（Chan et al，2013）衡量了调入和调出标准普尔 500 指数成份股对企业经营绩效的影响，其中，经营绩效采用利润率、资产收益率、营业收入/总资产、资本和研发支出占总资产的比例、市盈率来衡量。其研究结论认为，调入标准普尔 500 指数成份股使得企业长期经营业绩下降，这是因为公司在其业绩顶峰时期加入了指数成份股，但不能在长期内维持这种业绩；调出指数成份股使得企业长期经营业绩略有上升，这是因为企业在表现最差的阶段从成份股中调出，但是长期业绩会出现复苏。维杰和杨（Vijh and Yang，2007）从收购绩效的角度探讨了调入标准普尔 500 指数成份股的影响，研究发现，调入成份股可以通过监测公司经理和改善资本市场准入，提高企业的管理效率，增加了企业的收购能力。

（4）股指成份股调整与企业治理。普拉提卡诺娃（2008）研究发现，入选标准普尔 500 指数成份股会促使管理层高质量地披露财务数据。赵等（Cho et al，2017）研究了罗素指数成份股调整对企业盈余管理的影响，研究发现，企业从罗素 1000 指数成份股调入罗素 2000 指数成份股采用了负向盈余管理。梁上坤等（2021）考察了沪深 300 指数成份股调整对公司盈余管理的影响，研究结果发现，入选股指成份股后公司的应计盈余管理没有受到显著影响，而真实盈余管理水平则显著下降。布里斯克等（Brisker et al，2013）分析纳入标准普尔 500 指数对企业现金持有的影响时，发现纳入标准普尔 500 指数的企业现金持有水平会下降，其中，公司内部治理水平的下降导致的代理成分增加是重要原因之一。陈等（2013）发现，调入股指成份股会改善企业的声誉并提高企业的外部环境，外部监督的加强会对管理层形成约束，从而避免管理层短视行为，提高资产配置的效率。叶康涛等（2018）以我国沪深 300 指数调整为背景，研究发现，入选沪深 300 指数成份股会提高企业的股价崩盘风险，原因是入选成份股会增加分析师的追踪，而分析师对业绩向好的预期加大了分析师的乐观预测偏差，分析师的非理性预期以及分析师关注度的提高加剧了企业的股价崩盘风险。胡塞伊诺夫等（Huseynov et al，2017）基于标准普尔 500 指数，分析了调入股票指数对企业避税行为的影响，研究发现，原本高水平避税的企业在调入指数后避税行为减少，而低水平避税的企业在调入指数后避税行为反而增加，避税行为的变化是因为调入股票指数后机构投资者占比提升和高管薪酬的激励增加带来的公司治理改善导致的。

（5）股指成份股调整与企业投资行为。关于入选成份股对企业投资行为的影响，现有研究主要考察了入选股指成份股对企业环保投资及企业投资效率的影响。李强和孙田田（2020）以沪深 300 指数调整为背景，研究发现，入选沪深 300 指数成份股后，由于分析师对企业关注度的提高，约束了管理层的短视行为，从而导致企业的环保投资显著增加。郑天天（2019）研究了入选沪深 300 指数成份股对企业投资效率的影响，发现入选股指成份股显著地降低了企业的投资效率。陆蓉等（2022）以沪深 300 指数成份股调整为背景，发现股票入选指数后，减少了成份股的股价信息含量，阻碍了管理者学习，从而降低了公司的投资效率。

从目前的研究来看，关于股指成份股调整对企业经济行为影响的文献虽然逐渐增多，但是还比较缺乏，特别是针对中国市场股指成份股调整影响后果的研究还比较少。从研究主题来看，虽然已有研究从企业的环保投资、投资效率等角度出发，考察了入选成份股的影响，但是关于股指成份股调整对日渐受到学者关注的金融资产投资的影响尚未有文献进行讨论。

另外，从研究方法上来看，部分文献在探究成份股调整对于企业经济行为的影响时，采用直接比较股票调入指数前后结果变量的差异的方法。这样的做法很难解决研究过程中出现的内生性问题，导致有偏的结果。也有学者使用 OLS 方法考察入选成份股对企业经济行为的影响。由于内生性问题的存在，采用 OLS 的估计方法并不能得到无偏的估计结果。入选股指成份股和企业经济决策之间可能存在明显的内生性问题。产生内生性问题的源头有两个方面：一是企业为了入选股指成份股而进行相应的经济决策，这可能导致互为因果问题的产生；二是遗漏变量偏误，尽管在方程中添加了相应的控制变量以降低遗漏变量偏误问题，但仍有可能存在观察不到的因素，既影响企业是否能入选股指成份股又影响到企业的经济决策，从而造成估计结果的偏差。

尽管部分学者使用如 DID、PSM 或两者结合等计量方法去解决入选成份股与经济行为之间的内生性问题，但是，DID 的方法无法解决由观察不到的时变因素引起的内生性问题，而 PSM 只能解决控制变量不匹配、不平衡问题。因此，需要寻找更为可靠的研究方法去解决内生性问题。曹等（2019）在研究罗素 2000 指数调整对企业融资摩擦产生的影响时，采用模糊断点的方法解决研究过程中存在的内生性问题，得到的研究结果较为可靠。其他学者如穆林斯（Mullins，2014）、本－戴维等（Ben-David et al，2019）基于罗素指数成份股调整探讨指数基金持股变化的影响时，也通过构造模糊断点设计，得到了无偏的估计结果。

参考现有研究，本书将模糊断点设计的思路运用到沪深 300 指数调整的背景中，分析成份股调整对企业金融资产配置的影响。采用断点回归设计，研究的着眼点是断点附近恰好入选股指的成份股与恰好没有入选的企业，其金融资产配置是否连续。由于没有其他事前变量在断点左右两侧出现不连续，唯一的差别是是否入选股指成份股，因此断点附近企业金融资产配置的不连续可归因于入选股指成份股，据此可无偏地识别入选股指成份股的因果效应，并分析其中可能的传导机制。

2.3　企业金融资产配置的文献综述

企业投资在企业发展中发挥着重要作用，一直以来受到理论界和实务界的关注。由于企业配置金融资产问题日渐受到广泛关注，本书重点研究企业金融投资。在本节，根据现有研究情况，本书梳理了与企业金融投资相关的文献。其中，金融资产投资的文献主要包括企业金融资产配置的动机、企业金融投资行为的测量与测度，以及影响金融资产配置的因素。本节将重点梳理影响企业金融投资的因素，这与本书研究密切相关，一方面可以帮助本书分析现有研究存在空缺的地方，另一方面可以与入选成份股的影响后果结合起来分析异质性因果效应。

2.3.1　金融资产投资行为的动机和度量方式

（1）企业金融资产投资行为的概述。近些年来，金融资产配置也成为学者研究的热点之一。不少学者使用金融化一词来描述金融投资行为。关于金融化的定义，从宏观角度来看，克里普纳（Krippner，2005）认为，实体经济部门的利润获益更多是从生产贸易转向参与金融投资活动。帕利（Palley，2013）认为，由于金融部分在经济体系和政治体系中影响力的提升，社会的经济财富逐渐从实体部门流入金融领域，造成实体部门和金融部门收入差距的日渐增大。从微观角度来看，企业的金融化则是金融化在微观企业中的体现。由于虚拟经济的发展，投资虚拟经济与实体经济的收益率差距逐渐拉大，实体企业热衷将更多的资本投资于股票、房地产等金融活动中，增大了对金融资产的配置力度，以获取较实体投资更高的回报率。

从国内外的研究来看，企业金融投资主要从金融资产和金融收益的角度来定义。从资产构成的角度来看，企业金融投资行为是指企业将资源配置在金融资产上（Orhangazi，2008；Demir，2009a，2009b；戴赜等，2018；杜勇等，2017），学者通常采用金融资产占总资产的比例衡量。从收益的角度，企业金融化是指企业获得利润的方式更加倾向于从金融渠道获得（Arrighi，1994；Orhangazi，2006；张成思和张步昙，2015，2016），学者通常采用金融收益占经营利润的比例来衡量。

（2）企业金融资产投资的动机。实体企业金融投资的动机主要包括两个方面：一是预防储蓄动机。也即，由于金融资产具有较强的变现能力和较低的调整成本，企业选择配置流动性较强的金融资产的目的是防止未来企业生产经营和实体投资缺乏资金，避免流动性风险（Demir，2009b；Tornell，1990；Theurillat et al，2010；胡奕明等，2017）。关于企业配置金融资产的问题可以追溯到企业现金持有。凯恩斯（Keynes，1936）提出了"预防性储蓄理论"（the precautionary saving theory），该理论认为，由于企业未来生产和经营活动中需要资金，为了避免资金短缺造成的不利影响，企业会持有部分现金应对未来的不确定性，尤其是对未来投资机会不确定，融资存在困难的企业，它们会选择持有更多的现金（Opler et al，1999）。学者指出，投资金融资产是企业应对未来不确定性的一种手段，用于满足预防性需求。胡奕明等（2017）从分析宏观经济因素中的 GDP 周期变量、广义货币 M2 周期、法定准备金率与金融资产配置的关系中得出，企业配置金融资产主要是基于预防储蓄动机。德米尔（Demir，2009b）发现，阿根廷等国非金融企业持有金融资产的重要原因之一是为了应对宏观经济不确定性。

二是利润追逐动机。实体企业金融投资的重要原因是金融业与实业的收益差距逐渐拉大（Palley，2013）。由于金融行业和房地产行业利润率高于实体投资部门（王红建等，2016），企业管理层偏好于投资金融资产以实现投机套利（Crotty，2003；Krippner，2005；Stockhammer，2004；张成思和张步昙，2016）。由于市场竞争的日益激烈和产能过剩，企业投资实业的激励降低，投资机会也在减少，企业基于获利的考虑，会将用于生产活动的投资转向金融投资（Arrighi，1994）。斯托克哈默（Stock-hammer，2004）研究认为，股东价值导向也会导致企业配置更多的金融资产来实现短期获利。戴维斯和金（Davis and Kim，2015）也认为，在股东价值最大化的治理模式下，企业管理层偏好金融投资以实现短期收益。而企业投资金融领域会降低企业用于实体投资的资金，从而造成对实体投资的"挤出"。奥尔汉加齐（Orhangazi，2008）以美国非金融企业为研究对象，发现非金融企业的金融化会显著降低实体产业投资。阿克米克和厄曾（Akkemik and Özen，2014）基于土耳其的数据，发现企业配置高收益的金融资产会降低企业研发投资和固定资产投资，这会影响到实体经济的发展。不少学者证明了我国企业的金融资产配置会挤出实体投资，加剧企业经营风险。张成思和张步昙（2016）研究发现，企业对金融渠道获利的依赖程度越高时，越会挤出实体投资。谢富胜和匡晓璐（2020）证明了制造业企业金融资产投资会显著抑制企业的经营利润率。万良勇等（2020）研究表明，企业金融化降低了研发投入，从而抑制了创新产出。段军山和庄旭东（2021）也证明了企业金融投资会抑制企业创新，表现在降低了对企业技术创新投入和企业技术创新产出。

（3）企业金融投资行为的测量。企业金融投资行为的实质是企业投资决策变化的过程，现有文献主要从以下两个方面来进行度量。

一是从资产配置角度，不少研究人员使用金融资产占总资产的比例这一方式度量企业金融投资行为。这是一种比较广泛使用的方式，但是在不同的研究中，对金融资产投资的界定存在一定的差异。奥尔汉加齐（2008）从多个角度衡量了非金融企业的金融化行为，如采用金融资产占有形资产比重、金融资产占所有资产比重、持有的净基金占资本支出百分比等。德米尔（2009a，2009b）在度量墨西哥、阿根廷等发展中国家的企业金融化时，使用流动资产（现金、银行存款等）、短期投资（国库券、股票回购、债券等）及对其他企业投资等作为企业金融投资的测量指标。国内学者在德米尔测量金融资产投资的基础上，基于中国上市公司披露的财务报表数据，将金融投资的度量进一步细化。但是不同的学者对金融资产的测度范围定义不一致（详情见表2.1）。刘珺等（2014）认为，金融资产包括交易性金融资产、买入返售金融资产、可供出售金融资产、持有至到期投资、发放贷款及垫款。从表2.1中可以看出，刘珺等（2014）并没有将投资性房地产归入金融投资。部分学者认为，从本质上来看，房地产投资其实是属于经营资产配置的范畴，不属于金融投资；也有学者认为，不少实体企业投资房地产进行利润获取，而房地产行业本身也逐渐脱离实体经济部门，企业投资房地产的资金本质是用来进行投机而非用于购买经营资产（宋军和陆旸，2015），因此应将其纳入金融资产测度范围。

表 2. 1   金融资产的度量

参考文献	金融资产的度量
刘珺等（2014）	交易性金融资产、买入返售金融资产、可供出售金融资产、持有至到期投资、发放贷款及垫款
宋军和陆旸（2015）	货币资金、交易类金融资产、委托理财和信托产品、投资性房地产和持有金融机构的股权等大类
胡奕明等（2017）	2002～2006年金融资产＝货币资金＋短期投资＋应收利息＋长期债权投资； 2007～2014年金融资产＝货币资金＋金融衍生产品＋短期投资＋交易性金融资产＋应收利息＋买入返售金融资产＋可供出售金融资产＋持有至到期投资＋长期应收款
杜勇等（2017），王红建等（2017），杜勇等（2019），杜勇和邓旭（2020），彭俞超等（2018），黄贤环等（2018），万良勇等（2020），翟光宇等（2021）	交易性金融资产、衍生金融资产、发放贷款及垫款、可供出售金融资产、持有到期投资净额、投资性房地产净额
顾雷雷等（2020）	交易性金融资产、衍生金融资产、其他应收款、买入返售金融资产、一年内到期的非流动资产、其他流动资产、发放贷款及垫款、可供出售金融资产、持有至到期投资、长期股权投资、投资性房地产、其他非流动资产

参考文献	金融资产的度量
孟庆斌和侯粲然（2020）	交易性金融资产、衍生金融资产、可供出售金融资产、持有至到期投资、投资性房地产及企业对金融机构的长期股权投资
胡海峰等（2020）	持有至到期投资、以公允价值计量且其变动计入当期损益的金融资产、可供出售金融资产、投资性房地产和长期股权投资
张成思和郑宁（2020）	货币资金、持有至到期投资、交易性金融资产、投资性房地产、可供出售金融资产、应收股利、应收利息
解维敏（2018）	是否参股金融业；企业参股金融机构金额与企业总资产的比值；企业参股占金融机构股份的持股比例
刘贯春等（2018），刘贯春等（2019），李馨子等（2019），张成思和张步昙（2016）	广义金融资产包括货币资金、持有至到期投资、交易性金融资产、投资性房地产、可供出售的金融资产、长期股权投资以及应收股利和应收利息，而狭义金融资产不包括长期股权投资

资料来源：笔者根据文献资料整理获得。

为了使金融资产的界定标准更加全面，基于刘珺等（2014）概括的金融资产范畴，宋军和陆旸（2015）进一步将货币资金、金融衍生品、长期股权投资和投资性房地产四个科目纳入金融资产的范畴。然而，是否将货币资金纳入金融资产的范畴，学者也有不同的见解。部分学者认为，由于货币资金在市场交易中可以产生即期或远期的货币收入流量，应将其纳入金融资产的测算范畴。也有学者认为，货币可以用于投资活动，也可以用于经营活动，实际上无法区分这两种用途，应将货币资金从金融资产范畴剔除（杜勇等，2017）。

另外，学者也从广义和狭义两个角度定义金融资产。刘贯春等（2018，2019）认为，广义金融资产包含货币资金、持有至到期投资、交易性金融资产、投资性房地产、可供出售的金融资产、长期股权投资以及应收股利和应收利息；狭义金融资产中则没有考虑上述中长期股权投资。其中，关于长期股权投资是否纳入金融资产的范畴，也存在争议。根据会计准则的定义，由于长期股权投资包括两类权益投资，一类是存在活跃市场价格的权益投资，另一类是没有活跃市场价格的权益投资，而金融资产则为存在活跃市场的投资，因此不能将长期股权投资纳入金融资产范畴。但是从本质属性来看，长期股权投资的财务风险比较高，因为它是企业生产经营活动之外的非流动资产，并且可与可供出售金融资产发生相互转换，因此应将其纳入金融资产范畴（王少华，2019）。

另外，基于 2007 年前后会计准则的实施差异，学者针对会计准则发生的变化也对金融资产的核算标准进行了差别化定义。胡奕明等（2017）根据新旧会计准则的实施，认为当测量 2002～2006 年的金融资产范畴时，应包括货币资金、应收利息、短期投资、长期债权投资；2007～2014 年金融资产应包括货币资金、应收利息、交易性金融资产、金融衍生产品、短期投资、长期应收款、买入返售金融资产、持有至到期投资、可供出售金融资产。

二是从利润获取的角度，学者常通过金融资产投资的获利情况来度量企业金融投资行为。奥尔汉加齐（2008）采用金融收益（利息收入和净利润中的权益增加）占总股本的比重来衡量金融化程度。戴维斯（Davis，2018）采用金融收益（利息和股息收入）占金融资产的比重来衡量金融化程度。国内的研究人员常使用金融投资收益占经营利润的比例来衡量企业金融化的程度。但是学者对金融投资收益的度量口径也不尽相同。邓迦予（2014）认为，公允价值变动损益及投资收益是构成金融收益的主要部分。张成思和张步昙（2015，2016）测算了我国广义口径与狭义口径下的企业金融化程度。其中，广义口径下的金融投资收益包括公允价值变动损益、投资收益、净汇兑收益以及其他综合收益，而狭义口径下的金融投资收益则剔除了合营与联营企业的投资收益与其他综合收益。刘等（Liu et al，2019）也沿用了张成思和张步昙（2015，2016）的计算方法。刘姝雯等（2019）采用了企业金融资产收益率与经营资产收益率形成的差额，以及经过风险调整的金融资产收益率与经过风险调整的经营资产收益率形成的差额作为测算企业金融化的指标。为了更真实地反映企业的实际获利情况，克里普纳（2005）认为，现金流相较于账面利润更加真实、可靠，应采用金融投资现金流入与生产性投资现金流入的比值作为企业金融化的度量指标。其中，金融投资收益现金流采用企业的利息收入、股权收益、资本利得之和度量；生产性投资现金流则采用营业利润和固定资产折旧之和度量。

上述两种方式都在一定程度上能度量企业的金融投资行为，二者都反映了企业投资活动的结构。本书更倾向于从资产配置的角度度量企业的金融投资。因为用资产度量的企业金融投资是收益实现之前的投资结构，能够客观反映企业主观的投资意愿。并且使用金融资产占总资产的比例定义金融投资具有较强的可操作性，可以直接使用上市公司数据中披露的流动资产投资等科目进行直接加总计算。考虑到后续研究样本的范围，以及文献中采用的更加广泛的对企业金融投资定义方式，本书参考大多数学者的做法（例如，杜勇等，2019；王红建等，2017；彭俞超等，2018），将交易性金融资产、衍生金融资产、发放贷款及垫款净额、可供出售金融资产净额、持有至到期投资净额、投资性房地产净额都纳入金融资产的范畴。进一步地参考资产负债表项目以及现有学者对金融资产的分类（彭俞超等，2018），短期金融资产包括交易性金融资产、发放贷款及垫款和可供出售金融资产，长期金融资产包括衍生金融资产、持有至到期投资及投资性房地产。

2.3.2 企业金融资产配置的影响因素

关于影响企业金融资产配置的因素，现有文献从不同的角度进行了分析。学者认为，主营业务利润率的下滑是导致企业金融化的重要成因（Crotty，2003；Krippner，2005；Foster，2007；Orhangazi，2008；谢家智等，2014；何德旭和王朝阳，2017）。公司治理观念的转变，如股东价值导向的深化也会使得管理层注重利用金融市场来获取短期回报（Stockhammer, 2004; Dallery, 2009; Lazonick, 2010; 文春晖和任国良, 2015)。微观企业层面的因素也会对企业金融资产配置产生重要的影响。为了更好地分析与归纳影响因素，本书将从宏观经济外部环境、企业内部特征等因素阐述对企业金融资产配置的影响。

2.3.2.1 宏观经济外部环境

本小节主要从实体经营环境、宏观环境变化，以及经济政策变化等方面归纳外部宏观经济环境因素对企业金融资产配置的影响。

（1）实体经营利润率的下滑。克里普纳（2005）、福斯特（Foster，2007）、奥尔汉加齐（Orhangazi，2008）基于美国非金融企业的数据发现，由于非金融企业的主营业务利润率下滑，导致很多非金融企业将资金从生产领域转向金融投资中。德米尔（2009a，2009b）研究阿根廷、墨西哥和土耳其三个发展中国家的非金融企业时，发现实体投资收益率的不断下降和金融资产收益率的不断上升使得企业更倾向于投资短期收益率高的金融资产。克罗蒂（Crotty，2003）基于投资组合理论，发现当实体资产投资收益率不断下降时，非金融类上市公司会减少实体资产的投资，进而加大对金融资产的投资规模。我国学者针对我国上市公司持有金融资产比例不断上升的现象也进行了深度分析。当出现产能过剩及市场需求萎缩时，金融资产利润率的上涨推动了制造业上市企业投资金融资产（谢家智等，2014）。实体行业利润率的下滑会促使企业投资于银行理财、委托贷款等金融业务中（何德旭和王朝阳，2017），金融投资与实体投资的收益率缺口促进了企业金融化（宋军和陆旸，2015）。

（2）宏观环境的变化。胡奕明等（2017）基于我国 2002～2014 年非金融上市的企业，通过评估企业金融资产配置与宏观经济变量的关系，证明了企业配置金融资产的预防储蓄动机。他们的研究发现，企业金融资产配置与 GDP 周期变量呈负相关关系，与广义货币 M2 周期变量以及法定准备金率呈正相关关系。学者也从经济政策不确定性的角度研究其对金融资产配置的影响。谭德凯和田利辉（2021）研究了民间金融发展对企业金融资产投资的影响，发现民间金融通过提供投资渠道吸引企业参与金融活动导致的金融资产配置增加的作用超过了民间金融发展带来的信息环境改善对金融资产配置的抑制作用。

（3）经济政策变化。资本市场作为企业外部环境的一部分，是影响企业投融资行为的重要因素。因此，学者也考察了资本市场政策变化导致的外部环境变化对企业金融资产投资的影响。杨筝等（2019）发现，放松贷款利率下限管制能够显著抑制非国有企业金融化程度。其作用机制是，放松贷款利率下限可以显著降低债务成本对利润的挤占。然而，放松贷款利率上限管制对非国有企业的金融化则无显著作用。李元和王擎（2020）发现，宽松的货币政策促进了银行信贷较多、内源融资不足企业的金融资产配置。宽松的货币政策下，主营业务业绩发展与金融投资增长相互替代。资本市场盈利预测和股价形成的外部盈利压力也会助推企业金融化（柳永明和罗云峰，2019）。杜勇和邓旭（2020）探究了融资融券机制对企业金融资产配置行为的影响，研究发现，融资交易加剧了企业配置金融资产的短期投机套利行为，融券机制对企业金融资产投资有一定的抑制作用。总体而言，融资融券机制的实施会显著地促进企业金融化。陆蓉和兰袁（2020）也得出了与杜勇和邓旭（2020）一致的结论。陶晓慧等（2021）基于"沪港通"的自然实验，考察了资本市场开放对企业金融化的影响及其作用机制。研究表明，资本市场开放提高了企业金融化水平，融资约束在其中起部分中介作用。

经济政策不确定性的提高不仅会影响企业生产性投资和技术创新行为，还会导致金融市场和银行业系统性风险的增加，最终对企业金融资产投资行为产生影响（Pastor and Veronesi，2012，2013）。阿克米克和厄曾（2014）发现，土耳其的非金融企业为应对高度不确定的宏观经济环境会增加金融活动。彭俞超等（2018）分析经济政策不确定性对企业金融资产投资时，发现经济政策不确定性上升显著抑制了企业金融化趋势，并且当经济政策不确定性提高时，企业会减持投机性金融资产，增持保值性金融资产。刘贯春等（2020）的结论与彭俞超等（2018）的结论相反，认为经济政策不确定性与固定资产投资显著负相关，并与金融资产投资显著正相关，从而降低实体投资率，加剧实体企业的"金融化"趋势。聂辉华等（2020）认为，每个企业对政策不确定性的感知程度不同，因此他们从上市公司年报中提取相关信息，构造了企业对政策不确定性感知程度的指标，并分析了政策不确定性对企业金融资产配置的影响。研究结果表明，政策不确定感知程度高会提高企业的财务成本，抑制管理层激励，从而降低投资支出并增加金融资产的配置。其他经济政策，如微观税负也会促进企业的金融投资（庞凤喜和刘畅，2019）。

（4）公司治理观念的转变。早在 20 世纪 80 年代及 90 年代，敌意收购与股票期权在公司治理中广泛运用，这也促使公司管理层为维护股东利益，将更多资金用于金融投资以获得高额回报（Holmstrom and Kaplan，2001）。斯托克哈默（2004）、达勒里（Dallery，2009）认为，股东价值导向会促使企业更加偏好金融投资，以实现企业短期利益的最大化。森和达斯古普塔（Sen and Dasgupta，2018）的研究也发现，股东价值观念的深化以及股权激励计划大规模的使用，会促使企业管理层将更多的资金投向高收益率的金融资产领域，以追逐短期利润的最大化。

2.3.2.2 微观层面因素

公司高管特征、治理特征等微观因素也会对企业金融资产配置产生影响。

（1）公司高管特征。首先，高管自身的特质会对企业金融投资产生影响。首席执行官（CEO）的金融背景对企业金融资产配置具有显著的正向影响，尤其是有银行机构任职经历的 CEO，其对金融化的促进作用更强烈。CEO 的金融背景主要通过提高 CEO 自信程度和缓解融资约束来促进企业金融化（杜勇等，2019）。除此以外，创始人担任董事长或总经理时，显著降低了企业的金融资产配置水平，而且这一效应在融资约束程度强和两权分离度高的企业中更大（李文贵和邵毅平，2020）。还有研究发现，具有贫困经历的高管所在企业的金融资产配置水平更高，但配置的仅是流动性强、易于变现的金融资产（牛煜皓和卢闯，2020）。管理者的金融危机经历和疫情经历也会对企业金融资产投资产生影响。杜勇和王婷（2019）基于烙印理论发现曾经历过金融危机的管理者，其所在企业的金融资产配置水平更高。顾雷雷等（2022）基于 2003 年的"非典事件"，研究了 CEO 的疫情经历对企业金融投资的影响。研究结果发现，CEO 任职地的疫情严重程度正向促进了其现任职企业的金融投资。究其原因发现，疫情经历会使得 CEO 高估极端风险事件发生的概率，从而促使 CEO 作出持有更多金融资产的决策以降低不确定性预期。但企业的规模以及经营地域的多元化会抑制 CEO 疫情经历导致的金融化效应。

（2）公司治理特征。从企业内部治理的角度来看，治理水平越差的公司，越有可能持有更大份额的金融资产（闫海洲和陈百助，2018）。短期机构投资者倾向于追逐短期利益最大化，其持股比例越高，企业金融化程度会越深（刘伟和曹瑜强，2018）。治理水平越高的企业，金融化的程度越低。王瑶和黄贤环（2020）发现，内部控制质量越高，越能够抑制实体企业金融化行为，具有"治理效应"。信息披露程度越高，金融生态环境越好，内部控制对实体企业金融化的治理效应越强。高管持股能显著抑制非金融企业金融化，高管持股比例越高，企业金融化水平越低（唐皓和貌学俊，2019）。徐经长和曾学云（2010）认为，在我国上市企业中，管理者的报酬与企业业绩挂钩，金融投资的收益越高，会增加管理者获取的报酬。但是，当金融投资收益不佳时，管理者无须为该后果承担责任，正是这种激励制度才会刺激企业管理层偏好金融资产投资。文春晖和任国良（2015）发现，当第二类代理问题较为严重时，相对于实体终极控制人控制的上市企业，虚拟终极控制人控制的上市公司金融资产持有规模更高。这是因为，虚拟终极控制人为尽可能获取控制权私利，会通过投资金融资产和投资性房地产等方式实现大股东短期利益的最大化。乔嗣佳等（2022）研究了党组织参与治理对于企业金融化的影响，研究结果发现，党组织参与治理主要抑制了企业金融化的投机动机和盈余管理动机，从而显著降低了企业金融化程度。杜勇和眭鑫（2021）从股权质押的视角研究了控股股东股权质押对企业金融化的影响。研究结果表明，随着股权质押比例的增加，企业持有金融资产的比例先增后减，同时，控股股东股权质押后更可能促使企业配置具有投机性的、容易变现的短期金融资产。叶永卫和李增福（2021）从国有企业混合所有制改革的角度出发，证明了非国有股东参股通过发挥治理效应促进了国有企业的金融资产投资。徐寿福和姚禹同（2021）证明了股价信息含量的提高会通过缓解融资约束和发挥公司治理功能抑制企业金融化。

（3）企业社会责任。随着企业社会责任观念的发展，学者对企业社会责任承担与企业金融化之间的关系展开研究。刘姝雯等（2019）证明了企业社会责任对企业金融化存在负向影响。进一步分析发现，企业社会责任能通过信号传递与融资渠道两种机制抑制企业金融化行为。顾雷雷等（2020）、孟庆斌和侯粲然（2020）持有相反的观点，认为企业社会责任会促进企业的金融资产投资。顾雷雷等（2020）认为，融资约束在企业社会责任对企业金融化的影响中具有部分中介作用，企业社会责任通过缓解融资约束加剧了企业金融化。孟庆斌和侯粲然（2020）认为，企业社会责任履行通过发挥声誉保险效应促进了企业金融资产投资，也即，企业承担社会责任不但无法向投资者传递有效信息，反而会成为管理者逐利行为的掩饰工具。在社会责任所塑造美好形象的掩盖下，管理者与股东之间的代理冲突加剧，管理者可能放弃长期实业投资，转而通过金融资产投资追求短期经济收益，因此导致金融资产配置比例提高。

从现有文献来看，尽管已有文献从多个角度考察了不同因素对企业金融投资行为的影响，但是鲜有文献研究入选股指成份股对企业金融资产配置的影响。

2.4　本章小结

本章分别从股指成份股调整与企业金融资产配置两条主线来综述成份股调整与企业金融资产配置两个方面的研究。根据股指成份股调整的综述发现，早期的研究多集中在探讨股指成份股调整导致的短期价格效应和交易量效应。而后，关于股指成份股的研究逐渐过渡到对企业其他经济行为与经济决策的影响。但是从目前的研究来看，关于股指成份股调整对企业经济行为影响的文献虽然逐渐增多，但是还比较缺乏，特别是针对中国资本市场股指成份股调整影响后果的研究还比较少。关于股指成份股调整对金融投资的影响的文献尚未发现。因此，基于数据的可得性，本书考察入选股指成份股对企业金融资产配置的影响的同时，进一步分析了入选股指成份股对不同类型金融资产的影响，以期增强对股指成份股调整带来的经济后果的认识。

根据企业金融资产配置的综述发现，虽然也有文献从资本市场制度安排如货币政策、融资融券机制探讨其对金融资产配置的影响，却鲜少有文献从股指成份股调整这一制度安排来衡量其对企业金融资产配置的影响。

基于对股指成份股调整与企业金融资产配置两条主线综述的结果，本书研究认为，非常有必要针对二者之间的关系进行细致深入的研究，以填补从股指成份股调整角度考察影响企业金融资产配置研究的不足。另外，关于探讨股指成份股对企业经济行为影响的文献，目前的研究方法尚有局限性。鉴于此，本书主要的研究目的有四个：一是利用沪深交易所上市的实体企业的数据，根据沪深 300 指数成份股遴选与调整规则构建模糊断点设计方法评估入选股指成份股对企业金融资产配置的影响。二是在探究入选股指成份股与企业金融资产配置之间的因果关系后，进一步分析异质性效果。三是探讨入选股指成份股对不同类型的金融资产配置的影响以及异质性效果。四是深入探讨入选股指成份股影响企业金融资产配置背后的路径机制。

第3章 制度背景与企业金融资产配置现状

本章的主要内容涉及两个部分。第3.1节介绍了沪深300指数成份股的发展历程、遴选与调整规则。第3.2节测算了我国2009~2018年实体企业配置金融资产的情况，并分样本考察了具有不同性质特点的企业之间金融资产配置的差异。

3.1 制度背景

股票指数是反映资本市场整体运行状况的重要指标，成份股调整也是一种重要的市场机制。在上海证券交易所、深圳证券交易所成立后，我国推出了一系列股票指数。其中，中证系列规模指数作为跨沪深两市的指数，能够综合反映沪深两市的整体走势，也是我国国内常用的业绩基准。其中，沪深300指数是比较具有代表性的指数之一。沪深300指数成份股基于一定的遴选标准，选出在流动性和市值规模方面比较有代表性的300只股票。2005年4月8日，沪深300指数由深圳证券交易所和上海证券交易所联合发布成份股名单，并由中证指数公司管理和编制指数。

本书重点关注沪深300指数成份股调整的影响，其选样规则是本书进行研究设计的重要参考。在本小节，本书重点介绍沪深300指数成份股的选样规则。

沪深300指数成份股的具体选样与调整规则如下所述。

（1）构造样本空间。沪深300指数成份股的样本空间筛选如下：在所有沪深A股股票的基础上，剔除下列几类不满足条件的股票：ST、*ST股票；暂停上市的股票；上市时间不足的股票（如果上市时间少于一个季度，则剔除，但是如果根据日均总市值排名，该股票排名前30位，则保留）；创业板股票上市时间不足3年的股票。将剩余的沪深A股股票构成样本空间。

（2）选样方法。第一，在样本空间内，剔除有违法违规事件、财务报告出现重大问题、股票价格有明显异常波动、被市场操纵的企业。剩余的企业可以认为是沪深300指数的候选股。第二，在候选股内选取沪深300指数成份股。其具体规则如下：第一步，根据过去一年股票的日交易情况，计算样本空间内每只股票最近一年（审核期内）的A股日均成交额；第二步，将每只股票按照日均成交额的大小由高到低依次排序，然后剔除排序为末尾50%的股票；第三步，经上述步骤后，在剩余的股票中，计算股票的日均市值，将股票按照计算的日均总市值由高到低进行排名，然后选取排名前300的股票构成沪深300指数的样本股。

（3）成份股调整规则。为了保证指数的代表性，中证指数公司会定期对指数成份股进行调整。成份股调整的情况分为两种，第一种是定期调整成份股样本。中证指数有限公司每年分别在5月和11月定期审核调整沪深300指数成份股样本，并根据审核结果调整成份股样本。每年5月审核样本股时，参考依据为上一年度5月1日至审核年度的4月30日的个股交易数据及财务数据；每年11月审核样本股时，参考依据是上一年度的11月1日至审核年度的10月31日的个股交易数据及财务数据。虽然不同年度的样本编制方案发生了变化，但是每年的样本考察期并没有变化。沪深300指数样本股定期调整实施时间分别为每年6月和12月的第二个星期五的下一个交易日①。每年定期调整时，会设置缓冲区规则和调整数量限制。其中，缓冲调整规则如下：第一，每次调整时，对于纳入样本空间的股票（候选股），首先，根据日均成交额排序阶段的规则将所有的候选股进行排序。其次，按照一定的规则保留股票。对于沪深300 指数老样本股，如果其日均成交金额在本次调整中排序为前 60%，则参与下一阶段日均总市值的排名；而对于新的样本股候选股，如果其日均成交金额在样本空间中排序为前 50%，才可进入下一阶段的排名。第二，日均市值排名阶段。在本阶段，对所有保留下来的股票按照审核期间的日均市值进行排名，对排名在前 240 位的候选股优先进入指数，排名在前 360 位的上期老样本股优先保留。第三，调整数量限制。每次样本股调整数量不超过 10%。由以上规则可知，事实上缓冲区规则的设置使得入选沪深 300 指数成份股日均市值的排名间断点并非严格意义的第 300 名。并且，入选沪深 300 指数成份股的股票中日均市值最小的股票的排名具有不确定性。

　　第二种是临时调整成份股样本。当有特殊事件发生时，中证指数有限公司会对沪深 300 指数成份股进行临时调整。例如，对于新发行的股票，如果其符合样本空间的条件，并且总市值排名在沪深市场前 10 名，则会在其上市的第 10 个交易日后被纳入指数成份股。由于沪深 300 指数成份股保持 300 只固定的数量，因此，当期原成份股中，过去一年日均市值排名最低的股票会被剔除。又如，当成份股企业发生退市、申请破产或被判令破产时，则该成份股会被从沪深 300 指数成份股中剔除。由于每期定期调整时，中证指数有限公司会设置 15 只备选股，以便临时调整使用。当成份股股票由于某些原因被从指数中剔除后，则由排名靠前的备选股进行替代补充。考虑到临时调整成份股时，发生的时间和调整的数

---

　　① 2013 年及之前，沪深 300 指数样本股调整实施的时间分别为每年 1 月、7 月的第一个交易日；2013 年之后，沪深 300 指数样本股调整实施时间分别为每年 6 月和 12 月的第二个星期五的下一个交易日。

量存在不确定性,在本书的研究中仅考虑定期调整的情况,并以此作为研究设计的重要依据。

3.2 企业金融资产配置的基本情况

本书重点关注实体企业金融资产配置的情况,参考彭俞超等(2018)、杜勇等(2019)的研究,本书将交易性金融资产、衍生金融资产、可供出售金融资产、发放贷款及垫款、持有至到期投资、投资性房地产划分为金融资产。并将交易性金融资产、发放贷款及垫款以及可供出售金融资产划分为短期金融资产,将其余科目划分为长期金融资产。本书主要使用金融资产占总资产的比重来衡量企业金融资产配置水平。本小节将对比分析不同企业特征下金融资产配置的现实情况。

3.2.1 企业金融资产配置的描述性分析

本书在图 3.1 中报告了实体企业配置的金融资产百分比的变化趋势。从图 3.1 中可知,2012 年之前,我国上市公司持有金融资产的份额呈现出下降的趋势。但在 2012 年以后,总体来看,上市公司持有金融资产的比重呈现上涨趋势。在 2012 年,上市公司金融资产占总资产的比重约为 1.958%,到 2018 年,这一比重增加至 3.675%。出现这样的趋势可能与我国相关政策有关。我国证监会于 2012 年发布《上市公司监管指引第 2 号——上市公司募集资金管理和使用的监管要求》,该政策允许上市公司利用闲置资金购买如银行理财、国债等安全性较高的投资产品。进一步从不同类型的金融资产配置情况来看,短期金融资产占比相对较高,其变化趋势与金融资产占比的变化趋势相似。长期金融资产的变化趋势呈现出较为平稳的特点,2009~2018 年,长期金融资产占比出现略微下降的趋势。

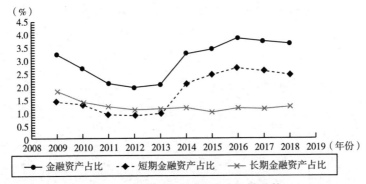

图 3.1　企业平均金融资产占比的趋势

资料来源：国泰安（CSMAR）数据库。

3.2.2　基于企业代理成本的对比

参考安等（Ang et al，2000）、田利辉（2005）的做法，本书采用管理费用率来衡量企业的代理成本。根据代理成本同年同行业的中位数，将样本划分为代理成本高的企业和代理成本低的企业，并对比分析两类企业金融资产配置情况的差异。从图 3.2 中可以明显地看出，代理成本低的企业，其金融资产配置比例低于代理成本高的企业。从长期金融资产配置和短期金融资产配置的角度来看，代理成本低的企业在这两种类型的金融资产配置比例上均显著低于代理成本高的企业（见表 3.1）。

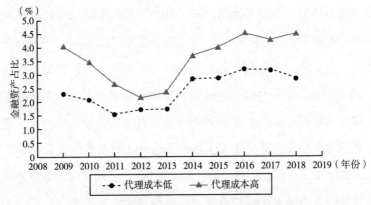

图 3.2　不同代理成本下企业金融资产配置情况

资料来源：国泰安（CSMAR）数据库。

表 3.1   不同代理成本下短期和长期金融资产配置情况差异

年份	短期金融资产占比（%）		长期金融资产占比（%）	
	（1）	（2）	（3）	（4）
	代理成本低	代理成本高	代理成本低	代理成本高
2009	1.171	1.699	1.137	2.349
2010	1.082	1.523	1.002	1.958
2011	0.689	1.114	0.86	1.575
2012	0.744	1.015	0.995	1.164
2013	0.862	0.991	0.884	1.376
2014	1.908	2.324	0.945	1.388
2015	2.084	2.784	0.791	1.226
2016	2.282	3.138	0.897	1.372
2017	2.228	2.986	0.929	1.302
2018	2.023	2.927	0.838	1.562
T 检验	（1） – （2）		（3） – （4）	
	– 0.577 *** (0.069)		– 0.562 *** (0.059)	

注：*** 表示在 1% 的水平上显著；括号中数字为标准差。
资料来源：国泰安（CSMAR）数据库，T 检验数据由笔者计算获得。

3.2.3 基于内部信息透明度的对比

参考现有研究（Lang and Maffett，2011；辛清泉等，2014），如果企业年报的审计师来自四大会计师事务所（以下简称"四大"），则其财务报告质量更高，企业的信息透明度也会更高。本书按照企业年报的审计师是否来自"四大"将企业分为内部信息透明度高的企业与内部信息透明度低的企业，并对比分析了两类企业金融资产配置情况的差异。从图 3.3 中可以看出，无论是内部信息透明度高还是内部信息透明度低的企业，2012 年以后其金融资产配置比例均明显上升。除了 2010 年以外，内部信息透明度低的企业其金融资产配置比例均高于内部信息透明度高的企业。进一步分析内部信息透明度差异下企业对不同类型的金融资产配置差异发现，两类企业短期金融资产配置情况无显著差异，但是内部信息透明度低的企业，其长期金融资产的配置比例显著高于内部信息透明度高的企业（见表3.2）。

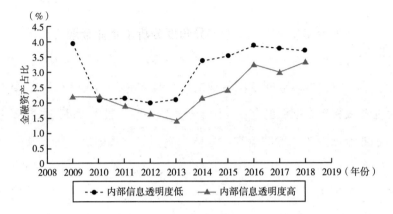

图3.3 不同内部信息透明度下企业金融资产配置情况

资料来源：国泰安（CSMAR）数据库。

表3.2 不同内部信息透明度下短期和长期金融资产配置情况差异

年份	短期金融资产占比（%）		长期金融资产占比（%）	
	（1）	（2）	（3）	（4）
	透明度低	透明度高	透明度低	透明度高
2009	1.426	1.498	1.866	0.717
2010	1.307	1.147	0.779	1.027
2011	0.897	0.980	1.232	0.912
2012	0.874	0.985	1.102	0.654
2013	0.929	0.891	1.16	0.544
2014	2.143	1.579	1.198	0.555
2015	2.486	1.920	1.035	0.495
2016	2.738	2.395	1.152	0.809
2017	2.622	2.344	1.140	0.627
2018	2.488	2.228	1.206	1.082
	（1）－（2）		（3）－（4）	
T检验	0.234		0.474 ***	
	(0.157)		(0.135)	

注：*** 表示在1%的水平上显著；括号中数字为标准差。
资料来源：国泰安（CSMAR）数据库，T检验数据由笔者计算获得。

3.2.4 基于股权集中度的对比

本书也从企业股权集中度的差异角度分析了企业金融资产配置状况的差异。关于股权集中度变量，本书采用第一大股东持股比例来衡量。然后，本书将样本按照同年同行业的中位数将企业划分为股权集中度高的企业和股权集中度低的企业。图3.4 报告了股权集中度高与股权集中度低的企业金融资产配置的差异。总体来看，股权集中度高的企业，其金融资产配置比例低于股权集中度低的企业。观察不同类型的金融资产配置差异（见表3.3），股权集中度低的企业，其短期金融资产和长期金融资产的配置比例均显著较高。

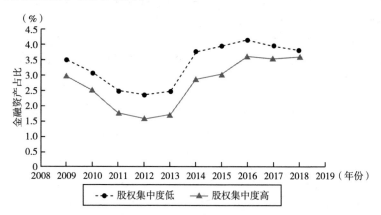

图3.4 不同股权集中度下企业金融资产配置情况

资料来源：国泰安（CSMAR）数据库。

表3.3 不同股权集中度下短期和长期金融资产配置情况差异

年份	短期金融资产占比（%）		长期金融资产占比（%）	
	（1）	（2）	（3）	（4）
	股权集中度低	股权集中度高	股权集中度低	股权集中度高
2009	1.564	1.918	1.294	1.680
2010	1.418	1.631	1.179	1.316

续表

年份	短期金融资产占比（%）		长期金融资产占比（%）	
	（1）	（2）	（3）	（4）
	股权集中度低	股权集中度高	股权集中度低	股权集中度高
2011	1.042	1.430	0.760	1.000
2012	1.009	1.324	0.750	0.836
2013	1.050	1.407	0.804	0.854
2014	2.316	1.413	1.916	0.920
2015	2.780	1.149	2.135	0.869
2016	2.900	1.223	2.540	1.047
2017	2.767	1.154	2.449	1.077
2018	2.574	1.209	2.376	1.189
T 检验	（1） － （2）		（3） － （4）	
	0.326 *** (0.069)		0.285 *** (0.059)	

注：*** 表示在1%的水平上显著；括号中数字为标准差。
资料来源：国泰安（CSMAR）数据库，T检验数据由笔者计算获得。

3.2.5　基于银企关系建立的对比

本书也从企业建立银企关系的角度分析了金融资产配置的差异。关于企业是否建立银企关系，参考翟胜宝等（2014）的研究，如果企业存在以下三种情况之一："高管具有银行工作背景；企业持有银行股份"；银行持有企业股份，则认为企业建立了银企关系。从图 3.5 中可以看出，建立银企关系的企业，其金融资产配置比例要高于未建立的企业。观察建立与未建立银企关系的企业对不同类型金融资产配置的差异发现，建立银企关系的企业，其短期金融资产和长期金融资产的配置比例均显著高于未建立银企关系的企业（见表3.4）。

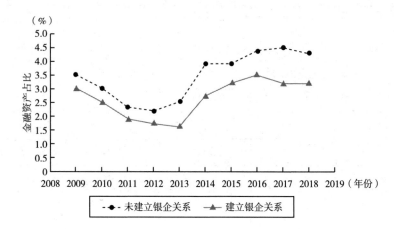

图 3.5 银企关系角度下企业金融资产配置情况

资料来源：国泰安（CSMAR）数据库。

表 3.4   银企关系建立角度下短期和长期金融资产配置情况差异

年份	短期金融资产占比（%）		长期金融资产占比（%）	
	（1）	（2）	（3）	（4）
	未建立银企关系	建立银企关系	未建立银企关系	建立银企关系
2009	1.387	1.476	1.621	2.026
2010	1.174	1.436	1.372	1.586
2011	0.840	0.793	1.074	1.563
2012	0.794	0.989	0.979	1.207
2013	0.702	1.219	0.971	1.340
2014	1.730	2.593	1.030	1.336
2015	2.236	2.834	0.965	1.081
2016	2.576	2.945	0.956	1.416
2017	2.293	3.062	0.916	1.405
2018	2.155	2.910	1.076	1.369

续表

年份	短期金融资产占比（%）		长期金融资产占比（%）	
	（1）	（2）	（3）	（4）
	未建立银企关系	建立银企关系	未建立银企关系	建立银企关系
T 检验	（1）－（2）		（3）－（4）	
	－0.435 ***		－0.337 ***	
	（0.070）		（0.060）	

注：*** 表示在 1% 的水平上显著；括号中数字为标准差。
资料来源：国泰安（CSMAR）数据库，T 检验数据由笔者计算获得。

3.2.6　基于企业市场势力的对比

本书也基于企业市场势力的大小比较企业金融资产配置情况的差异。关于市场势力的衡量，参考德·卢克尔和瓦尔津斯基（De Loecker and Warzynski，2012）的方法进行测算，$Markup_{it} = \phi_{it}^{l}(\omega_{it}^{l})^{-1}$。$\phi_{it}^{l}$ 表示可变要素的产出弹性，ω_{it}^{l} 表示可变要素支出占企业营业收入的比重。关于产出弹性的计算，本书基于阿克伯格等（Ackerberg et al，2015）的方法对生产函数进行估计[①]。然后本书将样本按照同年同行业的中位数将企业划分成市场势力高的企业和市场势力低的企业。图 3.6 报告了具有不同市场势力的企业金融资产配置的差异。总体来看，市场势力低的企业金融资产配置比例在 2014 年之后高于市场势力高的企业。观察不同类型的金融资产配置

----

① 由于本书使用的是上市公司的数据库，估计产出弹性时，关于总产出的衡量，本书参考贾内蒂等（Giannetti et al，2015）、段梅和李志强（2019）的做法，采用上市公司的营业收入代替企业的总产值，并用工业品出厂价格指数进行平减，然后取自然对数处理。关于劳动投入的衡量本书使用上市公司的员工数并做自然对数处理来衡量。关于资本投入的衡量，参考何光辉和杨咸月（2012）、胡本伟（2014）、段梅和李志强（2019）等的研究，本书采用固定资产净值衡量，并使用固定投资价格指数平减，然后做自然对数处理。关于中间投入，参考陈甫军和周末（2009）、张华东和马荣（2018）的做法，使用"购买商品、接受劳务支付的现金"指标衡量，并用生产者购进价格指数进行平减，并取自然对数。关于可变要素支出占企业营业收入的比重，本书采用劳动要素支出占营业收入的份额来衡量，其中劳动要素支出用上市公司数据中的应付职工薪酬来衡量。

差异（见表3.5），市场势力低的企业其长期金融资产的配置比例显著高于市场势力高的企业，但是两类企业短期金融资产的配置没有显著的差异。

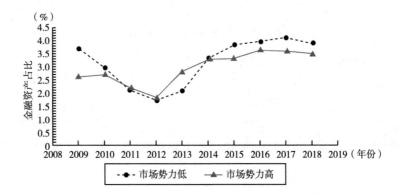

图3.6 不同市场势力的企业金融资产配置情况

资料来源：国泰安（CSMAR）数据库。

表3.5 不同市场势力下短期和长期金融资产配置情况差异

年份	短期金融资产占比（%）		长期金融资产占比（%）	
	（1）	（2）	（3）	（4）
	市场势力低	市场势力高	市场势力低	市场势力高
2009	1.898	1.068	1.779	1.547
2010	1.598	1.360	1.350	1.399
2011	1.006	0.945	1.103	1.235
2012	0.872	0.876	0.875	0.921
2013	0.934	0.926	1.153	1.158
2014	2.143	2.147	1.165	1.104
2015	2.714	2.386	1.087	0.936
2016	2.669	2.683	1.255	0.964
2017	2.683	2.673	1.391	0.916
2018	2.495	2.475	1.393	0.977
T检验	（1）－（2）		（3）－（4）	
	0.113 (0.072)		0.157 *** (0.058)	

注：*** 表示在1%的水平上显著；括号中数字为标准差。
资料来源：国泰安（CSMAR）数据库，T检验数据由笔者计算获得。

3.2.7　基于企业生命周期的对比

本书也从企业所处生命周期的角度考察了企业配置金融资产情况的差异。参考迪金森（Dickinson，2011）的做法，本书根据企业经营现金流净额、筹资现金流净额以及投资现金流净额的符号来划分企业所处的生命周期①。具体划分依据如表 3.6 所示。图 3.7 报告了处于不同生命周期阶段的企业金融资产配置的变化趋势。从图 3.7 中可知，处于衰退期的企业，其金融资产配置比例高于处于成熟期的企业；处于成熟期的企业其金融资产配置比例高于处于成长期的企业。同时，本书进一步讨论了处于不同生命周期的企业金融资产配置偏好的差异（见表 3.7）。对于处于成长期和成熟期的企业而言，两类企业短期金融资产配置并无明显差异。但对于衰退期的企业而言，其短期金融资产配置比例显著高于成长期和成熟期的企业。关于长期金融资产配置比例，处于衰退期的企业最高，处于成熟期的企业次之，处于成长期的企业最低。

表 3.6　　　　　　　　　　企业生命周期的划分

项目	成长期		成熟期	衰退期			
	导入期	增长期		淘汰期		衰退期	
经营现金流净额	–	+	+	–	+	+	–	–
投资现金流净额	–	–	–	–	+	+	+	+
筹资现金流净额	+	+	–	–	+	–	+	–

注："+"表示变量对应的数值为正值，"–"表示变量对应的值为负值。

---

① 企业的经营现金流净额、筹资现金流净额以及投资现金流净额能够反映企业本身的盈利能力、企业的增长速度以及企业面临的经营风险。通过现金流组合划分的企业生命周期能够揭示企业在资源配置与企业战略之间的决策。例如，对于成长期企业而言，企业的增长率下降，企业的经营现金流也会下降，可能为负。而对于成熟期企业而言，企业的盈利能力较强，其经营现金流则为正值。曹裕等（2016）认为，采用现金流组合法衡量的生命周期与我国企业的成长历程适配度更高。

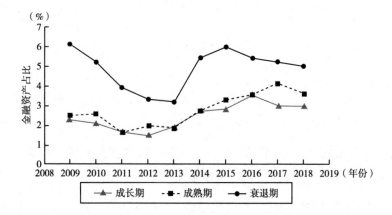

图 3.7　不同生命周期阶段企业金融资产配置情况

资料来源：国泰安（CSMAR）数据库。

表 3.7　　　　不同生命周期阶段下短期和长期金融资产配置情况差异

年份	Panel A：金融资产配置情况					
	短期金融资产占比（%）			长期金融资产占比（%）		
	（1）	（2）	（3）	（4）	（5）	（6）
	成长期	成熟期	衰退期	成长期	成熟期	衰退期
2009	1.023	0.902	3.238	1.233	1.593	2.870
2010	1.008	0.986	3.053	1.059	1.581	2.128
2011	0.637	0.689	2.082	0.936	0.903	1.822
2012	0.720	0.735	1.726	0.735	1.200	1.579
2013	0.749	0.765	1.744	1.023	1.055	1.402
2014	1.781	1.665	3.730	0.981	1.005	1.689
2015	1.945	2.311	4.246	0.838	0.940	1.734
2016	2.513	2.356	3.818	0.968	1.143	1.573
2017	2.165	2.647	3.719	0.800	1.431	1.479
2018	1.979	2.344	3.512	0.978	1.205	1.437
	Panel B：金融资产配置情况差异					
项目	成熟期 VS 成长期	衰退期 VS 成长期	成熟期 VS 衰退期	成熟期 VS 成长期	衰退期 VS 成长期	成熟期 VS 衰退期
T 测试	0.077 (0.066)	1.651 *** (0.103)	-1.575 *** (0.112)	0.258 *** (0.061)	0.752 *** (0.078)	-0.495 *** (0.092)

注：*** 表示在 1% 的水平上显著；括号中数字为标准差。

资料来源：国泰安（CSMAR）数据库，T 检验数据由笔者计算获得。

3.3　本章小结

首先，本章详细介绍了沪深 300 指数成份股的遴选规则和定期调整规则，明晰了使用断点设计识别策略的制度背景。其次，本章介绍了金融资产配置情况的发展趋势以及不同企业特征下企业金融资产配置情况的差异，得到以下研究结论：（1）我国上市企业自 2012 年以后，金融资产持有份额呈上升趋势；短期金融资产的持有比例高于长期金融资产，其变化趋势与总体金融资产持有份额类似。（2）代理成本低的企业，其金融资产配置比例低于代理成本高的企业，并且其长期金融资产配置和短期金融资产配置均显著较低。（3）内部信息透明度低的企业，其金融资产的配置比例高于透明度高的企业，其长期金融资产的配置比例显著较高，两类企业在短期金融资产配置比例上无显著差异。（4）股权集中度高的企业，其金融资产配置比例低于股权集中度低的企业，其短期金融资产和长期金融资产的配置比例均显著较低。（5）建立银企关系的企业，其金融资产配置比例要高于未建立银企关系的企业，其短期金融资产和长期金融资产的配置比例均显著较高。（6）2014 年之后，市场势力低的企业金融资产配置比例高于市场势力高的企业。相对于市场势力高的企业，市场势力低的企业长期金融资产的配置比例显著较高，二者在短期金融资产配置上没有显著的差异。（7）处于不同的生命周期阶段的企业，金融资产配置比例从高到低依次是衰退期、成熟期、成长期，长期金融资产配置比例也呈现同样的特点。衰退期企业短期金融资产配置比例显著高于成熟期和成长期企业，而成熟期和成长期企业在短期金融资产配置上无显著差异。上述描述性介绍有助于了解我国实体企业金融资产配置的现状和发展趋势，并为后文的分析提供参考。

第4章 股指成份股调整对企业金融资产配置的影响

现代企业中，由于所有权和经营权的分离，股东有效监督管理层行为的成本较高。由于股东常把企业业绩作为管理层绩效考核的重要标准，个人利益动机会使得管理层出现短视行为，表现为不愿意承担风险大、投资周期长的长期投资项目，而是更加青睐于短期投资（Benmelech et al，2010）。尽管资本支出、研发支出等长期投资对企业长远的发展有利，但是其收益的实现周期较长。金融投资背后实际上也隐藏着代理问题，由于金融投资的周期比较短，收益相对较高，管理层有很强的动机通过投资金融资产以实现短期内增加企业利润，维持股价和改善企业业绩的目的（刘伟和曹瑜强，2018；柯艳蓉等，2019）。另外，金融资产由于流动性相对较高，也可以作为资源储备以避免企业未来生产经营中可能出现的资金困境。对于企业管理层而言，其进行金融投资决策的过程中具有较大的自主权。

股指成份股调整作为资本市场的一项重要制度，一方面，入选成份股会引起外界的广泛关注，增强企业的外部监督，发挥其在公司治理中的作用；另一方面，入选成份股也会导致业绩压力，诱发代理问题从而对企业金融投资产生影响。那么入选股指成份股究竟是否会对企业金融资产配置产生影响？会产生何种影响？产生的影响是否是同质的？这是本章要回答的问题。

4.1　理论分析与研究假设

入选股指成份股对企业金融资产配置的具体影响机理分析主要从监督效应和压力效应两个方面进行阐述。

4.1.1　监督效应

股票指数的调整会引发其追踪资金量和追踪的基金数量的变化。这意味着企业入选股指成份股后，在资本市场上所受的关注度会提高，外部监督会加强。外部监督的加强可能会降低企业管理层的短视行为，减少代理问题，从而对金融资产配置产生影响。

首先，入选股指成份股提高了分析师的关注度。现有文献证明了调入成份股会引起分析师关注度的显著增加（Chen et al，2004；Chan et al，2013；Zhu et al，2017）。分析师具备专业搜集和整理信息的能力，他们对企业相关策略和年报的解读与研究，会促进企业的信息在市场上的流动，这有助于缓解企业与投资者之间的信息不对称，加强外部监督者对企业的监督，从而约束管理层的短视行为（He et al，2013）。同时，调入成份股带来的分析师关注度的增加，提高了公司与管理层的声誉压力，会驱使经理人恪尽职守，提供高质量的财务报告（Denis et al，2003；Platikanova，2008）。财务报告的可读性越好，企业的信息披露效率也越高（逯东等，2019）。

其次，入选成份股提高了机构投资者的持股比例（Pruitt and Wei，1989；Chen et al，2004；Chan et al，2013）。成份股的选取一般是比较有代表性的股票，可得到投资者的认可（Cai，2008）。并且相对非成份股，成份股的投资风险更低（Shleifer，1986），因而受到各机构投资者以及指数基金的青睐。相对于一般投资者而言，机构投资者持股比例较高且收集与分析能力较强，机构投资者在追求长期价值投资时，会对企业起到监督与管理作用（Parrino et al, 2003）。

由此可见，一方面，分析师关注度的提高和机构投资者持股的增加，会增加企业信息在资本市场上的流动，这会有效地缓解企业和外部投资者之间的信息不对称，降低企业面临的交易费用，可以起到降低融资约束的作用（Cornett et al, 2007；He et al, 2013；甄红线和王谨乐，2016）。另一方面，分析师和机构投资者的关注使得企业面临的外部监督增强，这有助于改善企业的外部治理机制。例如，分析师对企业关注度的增加，会增加发现管理层通过金融投机行为实现自身薪酬提高或追求短期利益忽视企业长期利益的概率，从而约束管理层的机会主义行为。

前文提及企业进行金融资产配置的目的主要有两个，如果企业进行金融投资的目的是进行预防储蓄，那么入选成份股后融资约束的缓解会降低企业对以预防储蓄为目的的金融投资的需求；如果企业进行金融投资的目的是追逐利润，由于入选股指成份股有利于完善公司的外部监督机制，提高对企业的监督水平，这有助于降低管理层的投机行为，从而减少短视行为，降低企业的金融投资。因此，入选成份股如果能够有效地发挥监督效应，不仅会降低以预防储蓄为目的的金融投资，也会抑制以逐利为目的的金融投资，从而降低企业金融资产的配置比例。

4.1.2 压力效应

入选股指成份股也可能会增加管理层业绩压力，从而影响企业的金融投资决策。具体表现如下所述。

首先，入选股指成份股增加了股价预期压力，诱发了管理层机会主义行为。贾因（Jain, 1987）指出，入选股指成份股的企业，其经营状况相对比较稳定，在行业中又具有一定代表性。因此，股票调入指数成份股后，会发挥信号传递作用，向市场传递出企业未来发展前景良好的积极信息，从而使得市场对其投资需求增加，引起股价上涨。迪隆和约翰逊（Dhillon and Johnson，1991）研究发现，入选成份股的企业，其公司股价会出现显著上涨。股价的上涨会缓解企业面临的融资约束（朱文莉和白俊雅，2018），企业基于预防储蓄动机持有金融资产的主要目的是提升资金的使用效率，这会降低企业对金融资产的配置。然而股价一旦上涨，股东就会给管理层施加压力，要求其维持股价的上涨。对于管理层而言，其绩效考核与股价密切相关。尤其在中国的资本市场上，管理层特别注重股价的变动。一方面，股权激励制度将管理层的利益直接与股价相挂钩，股价降低会直接削减管理层的利益。另一方面，股价下跌也会使得公司成为竞争对手的收购目标。退出指数成份股所引起的股价下跌、公司价值被低估，不仅会给企业带来利益的损失，也会影响管理层自身的声誉。基于委托代理理论，由于管理层的行为很难被股东监督，并且金融资产投资在短期内可以起到增加收益、粉饰企业利润的目的，面临股价维持压力，管理层有很强的动机通过采取短视行为策略，增加金融资产投资以改善企业的短期业绩（田利辉和王可第，2019）。

其次，入选成份股会给企业带来知名度上涨、股价上涨等良好的声誉和地位，同时也会提高经理人的声誉。良好的声誉不仅有利于经理人的职业发展，其市场议价能力也会随之增加（Fama and Jensen，1983）。对于企业经理人而言，企业入选成份股后建立了良好的声誉，退出成份股可能会传递出企业经营不善或是存在股价下跌风险的信号，经理人自身有很强的激励获取和维护企业成份股地位以维护自身良好声誉与职业发展。为了维持企业成份股的地位，管理层可能会采取短视行为提高企业的业绩（叶康涛等，2018）。考虑到沪深 300 指数成份股每半年就要进行定期调整，相关专家需要就候选企业的市值、流动性等指标进行排序。一旦上期入选的成份股出现市值下降等情况，很可能会被剔除出成份股名单，这会给企业和管理者声誉带来不良的影响。维持自身声誉和被移出成份股的压力很可能诱发管理者的短视行为，偏重于收益较高的金融投资来改善企业的短期业绩。

最后，成份股的选择是基于行业中具有代表性的企业，这些股票是经过官方认证的，往往被打上低风险的标志（黄凯等，2021）。基于信号传递理论，入选成份股本身也可传递良好的信号等，如向银行等为代表的金融机构传递有关企业盈利能力和股票收益等方面的积极信号，这会降低企业和银行签订借贷合约过程中的交易成本，改善企业的外部融资环境，从而缓解企业融资约束。融资约束的缓解带来企业融资便利的增加，实际上可以降低企业的预防储蓄动机。但是在成份股调整的压力下，融资约束缓解的资金很可能增加企业投资金融资产的资金来源，从而促使管理层将资源用于金融资产的配置以实现企业短期获利。

由于入选成份股导致的股价上涨预期压力、成份股定期调整的压力，以及在实体经济持续低迷的大环境下，管理者提高股东回报率和绩效考核与晋升的压力，很可能导致管理者选择配置收益更高的金融资产（余琰和李怡宗，2016），以促进短期内企业绩效的提升。由此，本书认为，在压力效应下，入选股指成份股激化了代理冲突，诱使管理层将更多的资源用于金融资产配置，来获取企业短期利润的增加。

理论上来讲，入选成份股带来的监督效应和压力效应会给管理层金融资产配置决策带来不同的影响。但是考虑到我国资本市场成熟度的问题，入选成份股的外部监督作用很可能并不能有效地发挥。从分析师的角度来看，分析师发挥监督功能的重要前提是提供预测质量真实有效的研究报告（褚剑等，2019）。入选成份股后，作为信息中介的分析师反而可能扭曲信息环境（叶康涛等，2018）。入选成份股后分析师关注人数的增多会放大乐观预测偏差，从而导致私有信息披露的不足（Crawford et al，2012），这也会降低企业的股价信息含量。从机构投资者的角度来看，我国资本市场上，机构投资者也有可能是短期利益追逐者（姚颐和刘志远，2008；蔡庆丰和宋友勇，2010；刘京军和徐浩萍，2012）。机构投资者对短期利益的关注，也可能会为企业创造一个短期价值导向的环境，从而促使公司管理层配置回报率更高的金融资产（刘伟和曹瑜强，2018）。因此，机构投资者可能并不能或没有发挥监督作用。

综上所述，本书认为，入选成份股可能会增加各资本市场主体如分析师和机构投资者的关注，这会加强对企业的监管，但是分析师和机构投资者关注的加强很可能并不能发挥有效监督企业的作用。因此，入选股指成份股带来的多方压力会激化管理层的短视行为，最终管理层会调整投资决策，通过配置到高收益的金融资产以实现企业短期业绩的提升。基于此，本书提出如下假设。

H4.1：入选沪深 300 指数成份股会促进企业配置金融资产。

4.2　断点回归方法的发展与演变

本书主要的研究方法是基于第 3 章第 3.1 节指数成份股调整规则构造的断点设计识别策略。在本小节，本书首先对断点回归的发展与演变进行综述。

20 世纪 80 年代，研究设计逐渐被应用微观计量领域重点关注，双重差分法（difference-in-difference，DID）、工具变量法（instrumental varia-ble，IV）、断点回归设计（regression discontinuity design，RDD）成为实证研究过程中十分重要的计量方法。早在 1960 年，断点回归设计首先被西斯尔斯韦特和坎贝尔（Thistlethwaite and Campbell，1960）用于评估学生获得奖学金是否影响其未来学术成果的研究。到 20 世纪 90 年代末，断点回归设计已被广泛应用到经济学的研究中。例如，研究班级规模对学生成绩的影响（Urquiola and Verhoogen，2009）；分析执政党地位对于再次赢得竞选的影响（Lee and Lemieux，2010）；探讨合法饮酒年龄对相关事故死亡率的影响（Carpenter et al，2016）。从国内的文献来看，断点回归也被用广泛应用。例如，以所得税征管体制改革为基础，分析企业避税对企业债务融资的影响（刘行等，2017）；用法定退休年龄构造断点设计，研究养老保险对居民医疗负担的影响（马超等，2021）；采用地理断点，以秦岭—淮河分界线为基础探讨空气污染对企业 TFP 的影响（李卫兵和张凯霞，2019），断点回归方法在政策评估中被广泛应用。

断点回归相当于一种随机可控实验，其初始的基本思想在于，存在一个驱动变量（running variable）X，根据该变量的某一临界值点（cut-off），可拆分为断点左侧（不失一般性，为未受处理的样本）和断点右侧（不失一般性，受处理的样本），而在断点左右两侧的特定领域内，断点附近的个体无明显差异（即局部随机分配的思想）。例如，西斯尔斯韦特和坎贝尔（1960）研究学生是否获得奖学金对于学生未来科研情况的影响时，驱动变量是学生的综合成绩，当驱动变量大于等于某一临界值时，则该学生可以获得奖学金（受处理），而当驱动变量低于临界值时，学生则不能获得奖学金。这一研究设计的关键在于恰好处于综合成绩临界值以上的学生与恰好处于临界值以下的学生除了是否获得奖学金这一差异之外，其他特征没有系统性的差异。临界值两侧学生未来潜在的科研成果的差异只能是获得奖学金状态差异造成的。而后，学者对于断点回归的基本思想作了进一步拓展，他们认为断点设计背后的基本思想是，处理状态的分配完全或是部分由驱动变量决定的，驱动变量本身可能也会与潜在结果变量相关，但是这种关联是平滑的。也即潜在结果变量的条件期望函数在断点处是连续的（即潜在结果连续性思想。由此，前述的局部随机分配变为了一个特例）。因此，如观察到的结果变量的条件期望函数在断点处出现不连续时，可以认为存在处理效果（Imbens and Lemieux，2008）。

根据处理状态是否完全由驱动变量决定，断点回归可分为两类：一类是精确断点回归（Sharp RDD，SRDD）；另一类是模糊断点回归（Fuzzy RDD，FRDD）。对于精确断点回归，个体发生处理的概率在间断点两侧的差值为 1。对于模糊断点回归，断点左右两侧个体接受处理的概率在 0~1，但是断点两侧个体被处理的概率存在差异，且一侧高于另外一侧。也即断点附近，个体被处理的概率存在一个明显的跳跃。

相较于其他因果识别方法，断点回归更接近于随机试验（Lee and Lemieux，2010；Cattaneo and Escanciano，2017a；谢谦等，2019）。本书采用断点回归的方法考察入选沪深 300 指数成份股对企业金融资产配置的影响。由于每半年沪深 300 指数都会重新构建，相应的指数成份股也会进行调整，这为本书采用断点回归设计提供了思路。如果每次调整时可以获得中证指数有限公司按照其制定的样本股遴选规则计算每一家企业日均市值的排名，则可以根据获得的排名设定驱动变量，设定精确的断点。此时，间断点左右两侧入选成份股的概率分别为 0 和 1。然而，每期定期调整时，中证指数有限公司只会在官网上公示企业入选沪深 300 指数成份股的名单列表，并未公布每个企业相应的日均市值的排名。并且，沪深300 指数成份股调整的缓冲区规则的设置使得入选沪深 300 指数的成份股的日均市值间断排名并非严格的第 300 名，即入选沪深 300 指数成份股的股票，其日均市值最小的股票的排名具有不确定性。并且，基于公开数据库（CSMAR 数据库）按照沪深 300 指数编制方案与调整规则计算的最终入选的 300 家企业与实际公布的样本股的名单尽管相关性很高，但存在差异。这种差异很可能是研究人员及上市企业观察不到的因素导致的。因此本书采用模糊断点的设计思路进行研究。

采用断点回归研究入选成份股的影响效果的文献不在少数，不少学者针对罗素指数（Russell index）成份股调整进行了讨论。罗素指数是美国市场被广泛关注的股票指数。每年的 5 月 31 日，罗素指数公司会将企业的总市值按照降序进行排列，选取成份股企业。罗素 1000 指数包括排名前 1000 的股票，罗素 2000 指数包括排名第 1001~3000 的股票。同时，罗素指数公司也会使用浮动调整后的市值来确定指数中每只股票的投资组合权重。评估罗素指数成份股的效果时同样也面临着无法观察到企业市值排名情况的问题。然而，部分文献仍然采用精确断点回归的方法评估其效果。例如，布恩和怀特（Boone and White，2015），翰等（Khan et al, 2017）使用指数内浮动调整市值的排名而非市值的排名来构造驱动变量，但这可能导致潜在的遗漏变量偏差，并违反断点回归的基本识别假设（Appel et al, 2020）。克兰等（Crane et al, 2016）认为，股票从纳入罗素 1000 指数到纳入罗素 2000 指数会引起企业股权结构的变化。评估这一效果时，他们首先把股票分别分配到罗素 2000 指数和罗素 1000 指数中，其次根据公开数据计算的市值将股票进行排名，这样的做法虽然明确了间断点，并且保证纳入罗素 2000 指数的概率在间断点左右两侧分别为 0 和 1，但是如果市值与结果变量相关，断点处市值的跳跃也会使得断点回归的设计无效。

从理论上而言，模糊断点设计策略是更为合适的策略。部分文献采用模糊断点设计策略，使用公开数据库计算市值排名作为驱动变量，以评估加入罗素指数的影响（Mullins, 2014；Ben-David, 2019；Cao et al, 2019）。例如，曹等（2019）在评估入选罗素 2000 指数对企业融资摩擦的影响时，根据公开数据库计算的企业市值的排名作为驱动变量，并设置入选罗素 2000 指数成份股的市值最小的企业的排名作为间断点排名。由于公开数据计算的市值排名并不能完全预测是否入选成份股，因此，该文采用模糊断点识别策略。国内的文献中，在研究调入沪深 300 指数成份股的价格效应时，学者也采用沪深 300 指数成份股中日均市值最低点的股票的排名作为间断点（姚东旻等，2016）。因此，本书基于已有文献的做法，采用模糊断点设计策略评估入选沪深 300 指数成份股对企业金融资产配置的影响。

4.3　断点设计与模型设定

4.3.1　间断点排名

由于每年的 6 月和 12 月沪深 300 指数都会重构，相应的指数成份股也会进行调整，这成为本书采用断点设计策略的基础。考虑到中证指数有限公司只公示了沪深 300 指数成份股的名单，并未公布每个企业对应的日均市值排名，并且每一期企业是否入选沪深 300 指数成份股是由样本考察期内个股的日均市值排名决定的（详见第 3 章第 3.1 节）。本书基于国泰安数据库（CSMAR），按照样本股的遴选规则，将满足排名阶段的股票的日均市值按照降序进行排名①，并将此排名中心化后作为驱动变量（详见后文）。基于沪深 300 指数成份股的选样规则，每期定期调整时，都需要一个确定的间断点排名 c。而缓冲区规则的存在使得企业入选沪深 300 指数成份股的概率在间断点排名左右并未发生从 0 到 1 的变化，仅发生了一个小于 1 的跳跃，符合模糊断点的设定。

关于间断点排名的设定，具体步骤如下：首先，筛选出合适的数据构成样本空间。其次，在样本空间内，根据 CSMAR 数据库公布的个股成交额数据，计算每期调整时每只股票前一年的日均成交额，并将其按照降序排序，剔除排序为后 50% 的股票。再次，剩下的股票将进入"日均市值排名"阶段。同样地，本书根据 CSMAR 数据库公布的个股交易数据，计算每期调整时每只股票考察期内的日均市值，并将其按照降序进行排名。也即将日均市值最大的股票，排名设置为 1，将日均市值第二大的股票，排名设置为 2，依此类推。最后，关于断点排名的确定，参考曹等（2019）、姚东旻等（2016）的做法，本书将采用沪深 300 指数成份股中日均市值最低的股票的排名作为间断点 c（cutoff）。

本书也将日均市值排名（*rank*）进行去中心化处理，*c-rank* 为企业排名去中心化的结果（驱动变量）。在阐述原理时，本书省略了下标，并将驱动变量用 X 表示。T 代表是否按上述日均市值排名应该入选沪深 300 指数成份股，如果 *c-rank* ≥ 0 也即 X ≥ 0 时，T 取 1，否则取 0。*CSI*300

---

①　在第 3 章第 3.1 节介绍了将企业进行日均市值排名之前，需要事先提出不满足样本空间条件的股票，日均成交额排序后 50% 的股票。股票是否入选成份股是根据股票的日均市值排名决定的，本书将按照日均市值对企业进行排名的阶段统称为"排名阶段"。

代表企业是否入选沪深 300 指数成份股。当企业入选时取 1，未入选时取 0。其中，T 与 $CSI300$ 高度相关，但不相同。

Y 为本书关注的结果变量，也即企业金融资产配置情况。基于反事实的因果推断框架，设定 Y_1 为假设单个企业入选成份股的潜在金融资产配置结果，Y_0 为假设单个企业未入选成份股的潜在金融资产配置结果。X 为驱动变量。当满足断点设计有效性假设后，则因果效果可表达为：

$$\tau = \frac{\lim\limits_{X\downarrow 0}E[Y|X] - \lim\limits_{X\uparrow 0}E[Y|X]}{\lim\limits_{X\downarrow 0}E[CSI300|X] - \lim\limits_{X\uparrow 0}E[CSI300|X]} \tag{4.1}$$

其中，$\lim\limits_{X\downarrow 0}E[CSI300|X] \neq \lim\limits_{X\uparrow 0}E[CSI300|X]$。

4.3.2　断点回归模型设定

借鉴已有文献的做法（Chang et al，2015；Cao et al，2019；Yao et al，2022；姚东旻等，2016；陆蓉和谢晓飞，2020），本书使用模糊断点回归方法，采用两阶段最小二乘法评估入选成份股的因果效果。

模型设定形式为：

$$Y_{it+1} = \delta_0 + \delta_1 CSI300_{it} + \delta_2 X_{it} + \delta_3 CSI300_{it}X_{it} + \tau_t^a + \varepsilon_{it}^a \tag{4.2}$$

具体地，第一阶段的模型主要用于评估断点左右两侧企业入选沪深 300 指数成份股的概率差异，两个一阶段方程设定如下：

$$CSI300_{it} = \alpha_0 + \alpha_1 X_{it} + T_{it}(\alpha_2 + \alpha_3 X_{it}) + \tau_t^b + \varepsilon_{it}^b \tag{4.3}$$

$$CSI300_{it}X_{it} = \alpha_{10} + \alpha_{11}X_{it} + T_{it}(\alpha_{12} + \alpha_{13}X_{it}) + \tau_t^c + \varepsilon_{it}^c \tag{4.4}$$

第二阶段的模型主要用于估计入选成份股对于企业金融资产配置的影响，其方程设定如下：

$$Y_{it+1} = \pi_0 + \pi_1 \widehat{CSI300}_{it} + \pi_2 X_{it} + \pi_3 \widehat{CSI300_{it}X_{it}} + \tau_t^d + \varepsilon_{it}^d \tag{4.5}$$

其中，下标 i 表示企业，t 表示第 t 期调样。Y_{it+1} 表示本书的结果变量的总称，代表企业金融资产的配置情况。考虑到沪深 300 指数成份股每半年调整一次，本书设定上一年度的 12 月成份股的调整对应本年度上半年的金融资产情况，本年度 6 月的成份股调整对应本年末的金融资产情况。这是 Y 的角标为 $t+1$ 的原因。X_{it} 为每期定期调样时，中心化后的股票的日均市值排名，也是本书的驱动变量。$X_{it}=c_t-rank_{it}$。c_t 为每期定期调样时按照"日均市值排名"得到的间断点的排名[①]。T_{it} 为股票处于该间断点左右两侧的指示变量，若 $X_{it}\geqslant0$，则 T_{it} 取值为 1，若 $X_{it}<0$，则 T_{it} 取值为 0，τ_t^a、τ_t^b、τ_t^c、τ_t^d 分别表示每次定期调整的固定效应。ε_{it}^a，ε_{it}^b，ε_{it}^c，ε_{it}^d 分别为方程（4.2）~ 方程（4.5）的扰动项。$\widehat{CSI300}_{it}$ 为方程（4.3）中结果变量的拟合值。$\widehat{CSI300}_{it}X_{it}$ 为方程（4.4）中结果变量的拟合值。方程（4.3）中，α_2 为间断点右侧和间断点左侧股票入选沪深 300 指数成份股的概率差值，考虑到间断点处，股票入选成份股的概率会有一个明显的跳跃，因此 $\alpha_2>0$。方程（4.2）中，δ_1 为间断点两侧企业金融资产配置情况差异，也即，反映了入选沪深 300 指数成份股对结果变量影响的局部平均处理效应（local average treatment effects，LATE），其值是通过两阶段最小二乘法由方程（4.5）估计得出（对应于 π_1）。

　　本书也考虑了驱动变量的二次项与处理变量的交叉项，进一步验证了结果的稳健性。方程设定如下（一阶段方程未列出）：

$$Y_{it+1}=\gamma_0+\gamma_1 CSI300_{it}+\gamma_2 X_{it}+\gamma_3 X_{it}^{\ 2}+\gamma_4 CSI300_{it}X_{it}+$$
$$\gamma_5 CSI300_{it}X_{it}^{\ 2}+\tau_t^e+\varepsilon_{it}^e \qquad (4.6)$$

　　除此以外，在稳健性测试部分，本书也在模型中删除了 CSI300 与 X 的交叉项。其方程设定如下所示（一阶段方程未列出）：

$$Y_{it+1}=\beta_0+\beta_1 X_{it}+\beta_2 CSI300_{it}+\tau_t^f+\varepsilon_{it}^f \qquad (4.7)$$

---

① 2013 年之前沪深 300 指数成份股调整的时间为每年的 1 月和 7 月。此时，本书设定本年度 1 月成份股调整对应本年度上半年的金融资产情况。7 月成份股调整对应本年末的金融资产情况。

另外，本书也在方程（4.7）的基础上加入驱动变量的二次项形式，来保证结果的稳健性。方程设定如下（一阶段方程未列出）：

$$Y_{it+1} = \theta_0 + \theta_1 X_{it} + \theta_2 CSI300_{it} + \theta_3 X_{it}^2 + \tau_t^g + \varepsilon_{it}^g \qquad (4.8)$$

关于带宽的选择，较大的带宽通常会包含更多的观测值，会使得拟合更加精确（即较低的方差），但是会导致估计的偏误。因此，现有研究中普遍的做法是基于经验法则选择一个最优带宽，然后使用最优带宽的不同倍数作为新的带宽进行稳健性测试。本书参考卡洛尼科等（Calonico et al，2017a，2017b）的方法，使均方误差最小化作为选取最优带宽的基准，后文简称"CCT带宽"。为确保结果的稳健性，本书也会使用因本斯和卡利亚纳拉曼（Imbens and Kalyanaraman，2012）提出的最优带宽选择方法（以下简称IK带宽）作为最优带宽选择的基准方法进行稳健性测试。确定最优带宽时，需要使用加权函数，本书使用三角核函数作为权重函数。

由于位于间断点排名左右两侧并不能由公司操控，因此采用断点回归时无须加入其他控制变量。而在验证断点回归方法的有效性时，一般需检验断点附近企业的事前特征是否存在显著的差异。如果企业的事前特征在断点处没有明显的跳跃，则表明企业金融资产配置情况的变化只是由于入选股指成份股而导致的，而并非其他的企业事前特征的变化引起的。

4.3.3　断点回归异质性效应的模型设定

使用模糊断点回归得到估计结果被称为局部平均因果效应。本书在之后的实证部分首先讨论入选股指成份股对企业金融资产配置影响的局部平均因果效应；其次讨论入选股指成份股的异质性处理效果。

关于断点回归设计中，异质性探讨的方式有两种，第一种方式是通过某个前定变量将样本划分成不同的子样本。然后在每个子样本中，分别采用断点回归估计得到局部平均处理效果。不少学者用这样的做法进行了断点设计的异质性因果效果探讨（Asher and Novosad 2020；Chen et al，2022；孔东民等，2021）。

第二种方式是通过在回归中设置处理变量与前定变量的交叉项的方式识别异质性局部因果效果。关于这种做法，本书在此进行详细说明，并且强调有关的适用假设。参考贝克等（Becker et al，2013），异质性局部因果效果（heterogenous local average treatment effects，HLATE）的定义如下（本小节的目的为阐述原理，由于不会出现疑义，故本小节省略了下标 t）：

$$HLATE(X_i = X_0, Z_i) = HLATE(X_0, Z_i) = E[Y_{1i}|X_0, Z_i] - E[Y_{0i}|X_0, Z_i]$$

$$(4.9)$$

基于反事实的因果框架，设定 Y_{1i} 为假设单个企业入选成份股的潜在金融资产配置结果，Y_{0i} 为假设单个企业未入选成份股的潜在金融资产配置结果。如前文定义，假设 T_i 表示单个企业是否应该得到处理，也即如果单个企业应该入选股指成份股，则 T_i 取值为 1，否则为 0。X_i 表示驱动变量，X_0 表示驱动变量的阈值，也即断点处驱动变量的取值（即前文 c。此处使用 X_0 的原因是在不影响阅读的情况下，与参考文献保持一致）。Z_i 则表示影响处理效果但不影响处理状态，用来产生交互项的变量（Becker et al，2013），也称为交互变量（后文同）。

无论是在精确断点还是模糊断点，基于以下假设，可以采用参数估计的方法识别 HLATE。

（1）潜在结果变量的期望函数在断点处连续，也即 $E[Y_1]$、$E[Y_0]$ 在断点处连续。这也是采用断点回归的基本假设条件。

（2）交互变量 Z 在断点处连续。可采用图形的方式观察交互变量在断点处的连续情况，也可以将交互变量替换断点回归基准方程中的结果变量，通过检测处理变量系数的显著性来判断交互变量的连续性。

（3）在给定驱动变量的前提下，交互变量与结果变量方程中的误差项不相关。以企业内部信息透明度为例，在本书的应用背景下，该假设意味着，企业的内部信息透明度在观察不到的但影响金融资产配置的因素维度中没有差异。

当满足以上假设条件时，可以采用参数估计识别 HLATE。具体做法如下：

第一，假设 $E[Y_i \mid X_i, Z_i]$ 是基于 X_i，Z_i 的多项式函数。反事实框架下的结果变量的条件期望函数表示如下：

$$E[Y_{0i} \mid X_i, Z_i] = \alpha + f_0(\widetilde{X_i}) + h_0(\overline{Z_i}) \tag{4.10}$$

$$E[Y_{1i} \mid X_i, Z_i] = E[Y_{0i} \mid X_i, Z_i] + \beta + f_1^*(\widetilde{X_i}) + h_1^*(\overline{Z_i}) \tag{4.11}$$

其中，$f_0(\widetilde{X_i}), h_0(\overline{Z_i}), f_1^*(\widetilde{X_i}), h_1^*(\overline{Z_i})$ 是关于 X_i，Z_i 平滑多项式函数。$\widetilde{X_i} = X_i - X_0$，$\overline{Z_i} = Z_i - E[Z_i]$。

第二，基于式（4.10）和式（4.11），进一步可得到，

$$E[Y_i \mid X_i, Z_i] = E[Y_{0i} \mid X_i, Z_i] + T_i[\beta + f_1^*(\widetilde{X_i}) + h_1^*(\overline{Z_i})] \tag{4.12}$$

在这样的概念框架下，断点 X_0 处的局部平均因果效应由 β 表示。而异质性局部平均处理效应 $HLATE(X_0, Z_i) = \beta + h_1^*(\overline{Z_i})$。

第三，在 Fuzzy RDD 中，$P(CSI300_i = 1 \mid X_i) = \begin{cases} g_1(X_i), X_i \geq X_0 \\ g_0(X_i), X_i < X_0 \end{cases}$，$0 < g_1(X_0) - g_0(X_0) < 1$。$CSI300_i$ 不是由 X_i 的确定性函数决定，因此，需要设定条件处理概率的函数设定形式 $P(CSI300_i = 1 \mid X_i)$。设定 $T_i = 1(X_i \geq X_0)$，则在给定 $g_1(X_i)$ 和 $g_0(X_i)$ 的前提下，T_i 可以作为 $(CSI300_i = 1 \mid X_i)$ 的工具变量。然后就可以构造 $g_0(\widetilde{X_i})$，$g_i^*(\widetilde{X_i}) \equiv g_1(\widetilde{X_i}) - g_0(\widetilde{X_i})$，$I_0(\overline{Z_i})$，$I_1^*(\overline{Z_i}) \equiv I_1(\overline{Z_i}) - I_0(\overline{Z_i})$。

第四，在 Fuzzy RDD 中采用 2SLS 估计，其一阶段方程如下：

$$CSI300_i = g_0(\widetilde{X_i}) + I_0(\overline{Z_i}) + T_i[\delta + g_1^*(\widetilde{X_i}) + I_1^*(\overline{Z_i})] + \varphi_i \quad (4.13)$$

简化式方程则为：

$$Y_i = g_0(\widetilde{X_i}) + I_0(\overline{Z_i}) + T_i[\gamma + g_1^*(\widetilde{X_i}) + I_1^*(\overline{Z_i})] + \theta_i \quad (4.14)$$

第五，通过式（4.13）和式（4.14）可以构建 $HLATE(X_0, Z_i)$ 的 IV 估计值。

4.3.4　数据来源、变量设定与描述性统计

4.3.4.1　数据来源

本书选取 2009～2018 年在沪深交易所 A 股上市的企业（剔除金融业及房地产业的企业）作为研究样本。由于 2008 年金融危机的爆发可能会改变企业面临的外部环境甚至会影响企业之后的行为决策，因此，本书将使用样本的初始时间设置为 2009 年。另外，由于新会计规则要求自 2019 年 1 月 1 日起，境内上市企业必须施行新金融工具会计规则，新会计规则的实施改变了部分金融资产条目的衡量标准①。因此，本书的观察期确定为 2009～2018 年。实证分析采用的数据主要来源如下：首先，关于企业金融资产配置情况以及企业层面的相关特征变量（如净资产收益率、企业规模），本书从 CSMAR 数据库公司研究系列中下载了 2009～ 2018 年沪深 A 股上市企业公布的合并半年度财务报表的数据来构造相关的变量。其次，本书的核心解释变量企业是否入选沪深 300 指数成份股，本书从 CSMAR 数据库中的股票市场系列中的市场指数数据中下载并整理了沪深 300 指数成份股每次调整的日期，基于此日期在 Wind 数据库中下载了历次定期调整后沪深 300 指数成份股的企业名单。最后，

---

① 会计准则委员会，https：//www.casc.org.cn/2017/0719/203235.shtml；财政部官网，http://kjs.mof.gov.cn/zt/kjzzss/kuaijizhunzeshishi/201709/t20170908_2694655.htm，http://kjs.mof.gov.cn/zt/kjzzss/sswd/jrgjzzss/202103/t20210302_3664215.htm。

本书的驱动变量 X，即中心化后的企业日均市值的排名，其计算所用的变量来源于 CSMAR 数据库中的股票市场系列中的股票市场交易数据。本书从股票市场交易数据中下载了个股的日成交额、日市值等数据，用于计算每一次定期调整对应的日均成交额与日均市值，并最终用于计算企业排名。

匹配上述数据库时，本书分别根据上市公司的股票代码，对应的时期、年份进行匹配与合并。在匹配完成相关数据信息后，本书对样本数据进行部分删除与调整处理。首先，本书的研究对象是实体企业。根据 2012 年证监会上市公司行业分类，本书的研究对象剔除了"金融业"和"房地产业"行业的企业。同时，本书还将数据进行了以下处理：（1）首先，根据成份股选样规则和每次定期调整的时间，剔除 ST、*ST 类上市公司等不满足条件的企业，构造样本空间。其次，根据 CSMAR 数据库中日个股交易数据，计算股票的日均成交额，按照调整规则，根据每次定期调整的时间，删除日均成交额排序后 50% 的股票。然后每期剩余的股票会进入排名阶段。在排名阶段中，企业是否入选沪深 300 指数成份股由企业日均市值的排名决定。因此，本书研究选取样本空间中（定义如前）进入排名阶段的企业作为研究样本。（2）剔除重要财务指标存在缺失的企业。（3）考虑异常值对回归结果的影响，剔除了每期结果变量在 95% 分位数上的观测值。最终，本书得到 2713 家上市公司 2009～2018 年非平衡面板数据。

4.3.4.2 变量设定

首先是关于被解释变量的设定。被解释变量 Y 表示企业金融资产配置情况，采用金融资产占总资产的比重来衡量。参考彭俞超等（2018）、杜勇等（2019），本书研究将交易性金融资产、发放贷款及垫款、持有到期投资净额、可供出售金融资产、衍生金融资产、投资性房地产净额 6 个科目纳入金融资产范畴。

其次是核心解释变量（*CSI*300）。本书的核心解释变量为企业是否入选沪深 300 指数成份股，采用二元哑变量表示。1 表示企业入选了沪深 300 指数成份股，0 表示没有入选。具体而言，每期沪深 300 指数成份股定期调整时，只要股票是该期的成份股（index membership），该期对应的 *CSI* 300 变量取值为 1。因此，本书所说"入选成份股"的效应，指的是作为成份股的效应。

再次是驱动变量（*X*），具体是指间断点排名与企业日均市值排名的差。如前文所述，企业是否入选沪深 300 指数成份股主要由考察期内日均市值的排名决定。由于中证指数有限公司只公示了入选沪深 300 指数成份股企业的名单，并未公布每个企业相应的排名。因此，本书基于 CSMAR 数据库，按照沪深 300 指数编制方案与调整规则计算出样本空间内企业的日均市值排名及对应的间断点排名。例如，考察 2014 年 6 月企业是否入选沪深 300 成份股，需要计算样本空间内沪深 A 股企业 2013 年 5 月 1 日至 2014 年 4 月 30 日间的日均市值，然后将其进行排名。按照公开数据库计算的本该入选的 300 家企业与实际公布的样本股的名单虽有差异，但相关性很高。这种差异很可能是研究人员及上市企业观察不到的因素导致的。

除此以外，考虑到每一次成份股的定期调整都相当于一次实验，因此在本书的回归模型中，控制每次定期调整的固定效果。

在基准回归中，本书并未添加任何企业层面的控制变量。事实上，根据断点回归设计，也无须添加控制变量。但是在稳健性检验章节，本书在主回归方程中添加了滞后一期的公司层面的特征变量作为控制变量来论证结果的稳健性。

最后，本书也利用滞后一期的公司层面的特征变量用于进行断点设计有效性检验。参考现有文献的做法（杜勇等，2019；顾雷雷等，2020），关于公司层面的特征变量，本书首先选取了企业规模和企业的所有制属性，关于企业规模，本书采用将总资产取自然对数的形式进行衡量；关于企业所有制属性，如果上市公司实际控制人是国有属性，则认为该企业为国有企业，否则为非国有企业。其次，本书也选取了资产负债率、现金持有比例、成长机会、资产收益率等变量。其中，企业的资产负债率采用企业的总负债与总资产的比值来衡量。现金持有比例采用经营活动产生的现金流量占总资产的比重来衡量。关于企业的成长机会，本书采用股票市值占总资产的比重来衡量。考虑到企业的盈利能力越强，受到融资约束的可能性越低（魏浩等，2019），同时影响企业的资产配置决策，本书采用企业净利润与总资产的比值来衡量企业的盈利能力。最后，本书也选取了企业的日均成交额与日均市值变量。根据前文制度背景中，考察企业是否能入选沪深300指数成份股时，先根据考察期内日均成交额筛选样本，然后再根据日均市值进行排名。因此，在回归中控制日均成交额与日均市值后，会使得企业的排名更具有随机性，从而提高估计结果的有效性。

关于被解释变量、解释变量以及公司层面的特征变量的具体度量方法等报告在表4.1中。

表4.1 变量定义与数据来源

变量类型	变量符号	变量描述	变量定义	数据来源
被解释变量	Y	金融资产占比（%）	（交易性金融资产＋衍生金融资产＋发放贷款及垫款＋可供出售金融资产＋持有到期投资净额＋投资性房地产净额）/总资产×100	CSMAR上市公司财务数据
核心解释变量	$CSI300$	入选沪深300指数	1＝入选，0＝未入选	Wind数据库
驱动变量	X	驱动变量	间断点排名与日均市值排名之差	CSMAR股票市场交易数据

续表

变量类型	变量符号	变量描述	变量定义	数据来源
企业特征变量	*Size*	企业规模	企业总资产（元）的自然对数值	CSMAR 上市公司财务数据
	State	所有制属性	实际控制人为国有企业则取值为 1，否则取值为 0	CSMAR 上市公司股权性质表
	Lev	资产负债率	总负债/总资产	CSMAR 上市公司财务数据
	Cash	现金持有比例	经营活动产生的现金流/总资产	CSMAR 上市公司财务数据
	Tobin Q	成长机会	股票市值/总资产	CSMAR 上市公司财务数据
	Roa	资产收益率	净利润/总资产	CSMAR 上市公司财务数据
	Ave_mv	日均市值（元）	审核期内日市值的平均值	CSMAR 股票市场交易数据
	Ave_tradeamount	日均成交额（元）	审核期内日成交额的平均值	CSMAR 股票市场交易数据

资料来源：笔者整理获得。

4.3.4.3　描述性统计

表 4.2 报告了变量的描述性统计结果。全样本中，通过企业配置金融资产的指标可以看出，企业配置金融资产比例的平均值为 1.933（%），方差为 3.185（%）。并且企业配置金融资产比例的最小值为 0，表明部分企业并未配置金融资产。另外，从基准样本来看，入选沪深 300 指数的观察数占比为 23.8%。根据 CSMAR 计算的驱动变量的取值变化范围为 -1209 ~ 386。此外，本书所用的样本中，上市公司实际控制人为国有企业的观察数占比为 43.8%。

表 4. 2   **变量描述统计**

变量	观测数	均值	方差	最小值	最大值
Y	18836	1. 933	3. 185	0	20. 975
$CSI300$	18836	0. 238	0. 426	0	1
X	18836	− 248. 986	362. 976	− 1209	386
$Size$	18620	22. 416	1. 369	14. 942	28. 517
$State$	18566	0. 438	0. 496	0	1
Lev	17373	0. 453	0. 204	0. 027	0. 984
$Cash$	18620	0. 029	0. 073	− 0. 888	0. 549
$Tobin\ Q$	17787	2. 342	5. 803	0. 676	715. 945
Roa	18620	0. 037	0. 053	− 1. 892	0. 469
$Ave\_tradeamount$	18836	2. 421e + 08	3. 015e + 08	2. 987e + 07	8. 278e + 09
Ave_mv	18836	1. 758e + 07	5. 955e + 07	904408. 813	2. 194e + 09

资料来源：笔者整理获得。

另外，本书也进行了组间差异分析，考察了全样本中入选沪深 300 指数成份股与未入选沪深 300 指数成份股的上市企业其金融资产配置情况的差异以及企业特点的差异。表 4. 3 的列（1）与列（2）分别描述了入选沪深 300 指数的企业与未入选沪深 300 指数的企业的特点，列（3）则展示了这两类企业之间的差异。从列（3）的均值差异检验（t 检验）来看，与未入选沪深 300 指数成份股的企业相比，入选沪深 300 指数成份股的企业，其金融资产配置比例显著较高。表 4. 3 的描述性统计结果初步表明，入选沪深 300 指数成份股与否会导致企业金融资产配置行为存在显著的差异。从企业层面的特点来看，相对于未入选沪深 300 指数成份股的企业，入选沪深 300 指数成份股的企业，企业规模显著较大，国有企业属性的概率较高，偿债能力比较强，现金持有比例较高，成长机会较差，资产回报率较高。除此以外，入选沪深 300 指数成份股的企业其日均成交额和日均市值均显著高于未入选沪深 300 指数成份股的企业。以上表明沪深 300 指数成份股企业和非成份股企业之间存在较大的差异，企业是否入选沪深 300 指数成份股并不是随机分配的。因此，直接比较入选沪深 300 指数成份股的企业和未入选沪深 300 指数成份股企业的金融资产配置状况，或者采用普通最小二乘（OLS）估计的方法并不能得到真实的入选沪深 300 指数成份股的因果效果。

表 4.3　　　　　　　　　　　　变量描述统计

变量	$CSI300 = 1$	$CSI300 = 0$	差值
	(1)	(2)	(3)[= (1) − (2)]
Y	2.008 (3.165)	1.909 (3.191)	0.098 * (0.055)
Size	23.893 (1.307)	21.948 (1.010)	1.944 *** (0.019)
State	0.673 (0.469)	0.365 (0.481)	0.308 *** (0.008)
Lev	0.500 (0.193)	0.438 (0.205)	0.062 *** (0.004)
Cash	0.049 (0.073)	0.022 (0.072)	0.026 *** (0.001)
Tobin Q	2.039 (1.683)	2.442 (6.617)	− 0.402 *** (0.101)
Roa	0.051 (0.052)	0.033 (0.052)	0.018 *** (0.001)
Ave_tradeamount	3.94e + 08 (4.91e + 08)	1.95e + 08 (1.86 + 08)	1.99e + 08 *** (4951959)
Ave_mv	4.78e + 07 (1.16e + 08)	8144183 (55834.23)	3.97e + 07 *** (977194)

注：***、* 分别表示在 1%、10% 的水平上显著，括号中数字为标准误。

4.3.5　断点设计有效性

为了使用断点回归设计，本书首先计算了每期沪深 300 指数成份股调整的"日均市值排名"间断点，也即是否入选沪深 300 指数的临界排名。日均市值排名小于间断点排名的股票，也即日均市值高于间断点的，有很大概率入选沪深 300 指数成份股。日均市值排名大于间断点排名的股票，则不会入选沪深 300 指数成份股。由于每次定期调整都设置了缓冲区规则，因此排名在 360 名之前的老样本股可能不会被调出。表 4.4 报告了 2009 ~ 2018 年每半年定期调整的间断点排名。从计算结果来看，定期调整的间断点排名在 350 ~ 387 名，平均值为 368，与缓冲规则中设置的 360 名基本相符。

表 4. 4　　　　　　　　　　**沪深 300 指数成份股间断点排名**

调整日期	间断点排名	调整日期	间断点排名
2009 – 01 – 05	352	2013 – 12 – 16	378
2009 – 07 – 01	363	2014 – 06 – 16	377
2010 – 01 – 01	350	2014 – 12 – 15	360
2010 – 07 – 01	360	2015 – 06 – 15	363
2011 – 01 – 04	365	2015 – 12 – 14	354
2011 – 07 – 01	386	2016 – 06 – 13	365
2012 – 01 – 04	384	2016 – 12 – 12	387
2012 – 07 – 02	365	2017 – 06 – 12	361
2013 – 01 – 04	376	2017 – 12 – 11	362
2013 – 07 – 01	376	2018 – 06 – 11	363

资料来源：笔者基于 CSMAR 数据库计算整理所得。

　　得到间断点排名之后，本书可以计算出驱动变量的取值，从而采用断点回归设计。在进行断点回归之前，本书在该部分重点论述断点回归设计的有效性，为断点回归设计的有效性提供依据。具体而言，驱动变量的测量误差、内生性分组问题以及断点附近企业层面事前特征变量的连续性是影响断点设计有效性的关键问题。本节将依次论述以上问题。

　　（1）驱动变量存在测量误差。驱动变量存在测量误差是不可避免的，但是在本书中，此问题并非影响因果识别的一大挑战。首先，本书计算的排名变量是严格按照中证指数有限公司公布的排名规则与调整规则计算的。其次，本书计算排名所使用的 CSMAR 数据库，是中国目前规模较大、信息准确度较高、数据比较全面的经济金融研究型数据库。根据以上规则与数据

库计算出来的成份股名单与中证指数有限公司公布的实际成份股的名单虽
不完全一致，但十分接近。如表 4.4 所示，本书计算的定期调整的间断点
排名的平均值为 368，与缓冲规则中设置的 360 名较为接近，这也间接说明
计算偏差较小。实际上，成份股选取的部分决定将由专家委员会进行裁断，
例如，长期停牌的股票需要经专家议定；银行股交易不够活跃的但是对指
数影响较大的也会被保留。因此，根据公布的公开规则计算市值排名信息
并不能完全预测股票是否入选成份股，但这些偏差都在可接受范围之内。
基于此，关于驱动变量的测量误差问题在本书中并不会产生大的影响。

（2）内生分组问题。内生分组问题是影响断点设计有效性的一大挑
战。本书使用断点回归方法的前提是单个企业不能够精确地操纵自身的
排名从而改变分组。根据断点设计的原理，本书从两个方面证明了不存
在内生分组问题。一方面，为了保证公平公正，中证指数有限公司的内
部人员和专家委员会由于具有信息优势，需要履行保密协议，不能向外
界私自公布任何关于指数成份股调整的消息。因此上市企业无法预先了
解指数调整的私有信息。另一方面，指数编制方案和调整方案的规则是
透明的，但是调整规则的设计使得企业对自身排名的操纵几乎不可能实
现。在沪深 300 指数成份股定期调整时，企业事先知道每次入选沪深 300
指数成份股的数量有 300 只，定期调整的数量也不能超过 30 只，但是中
证指数公司只设置了调入企业的上限，并不规定或事先公布每次调入的
数量。单个企业事先无法得知调入股票的数量，任何一家企业也无权决
定调入股票的数量，因此，单个企业无法通过操纵自身的日均市值排名
来决定断点。而且，即使单个企业可以操纵自身的日均市值大小，但是
也无法操纵其他企业的日均市值从而决定排名。因此，本书认为，不存
在操纵断点的问题。根据目前研究的普遍做法，本书也画出了驱动变量
的分布图来直观地判断内生分组问题。如图 4.1 所示，直方图上显示断点
（已用黑色实线标出）两侧企业数量并没有明显的变化，也没有在断点某
侧出现集聚（bunching）现象。

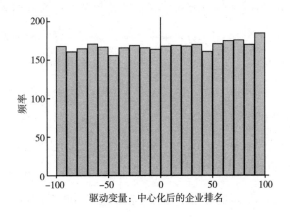

图4.1 间断点排名处（0）企业的数量分布

（3）连续性检验。断点回归另外一个很重要的假设就是前定变量在断点处不存在明显的跳跃。也即，如果企业的事前特征变量在断点处的条件密度函数存在跳跃，则不能将处理效应全部归因为入选股指成份股带来的。因此，此处暗含的一个假设是企业事前特征变量在断点处是连续的。基于这样的思想，本书依次用定期调整前企业的规模、企业所有制属性、资产负债率、现金持有比例、成长机会、资产收益率、日均市值、日均成交额等因素分别替换模型设定中方程（4.2）的被解释变量进行断点回归，其检验结果如表4.5所示。

表4.5 连续性检验

变量	回归系数	标准误差	P值
企业规模（Size）	0.203	0.179	0.256
所有制属性（State）	0.004	0.105	0.973
资产负债率（Lev）	−0.059	0.036	0.104
现金持有比例（Cash）	0.005	0.013	0.668
成长机会（Tobin Q）	0.008	0.269	0.977
资产收益率（Roa）	−0.0004	0.012	0.971
日均市值（Ave_mv）	8854.408	48845.16	0.856
日均成交额（Ave_tradeamount）	−2.67e+07	3.75e+07	0.476

注：在验证企业特征在断点处的连续性时，最优带宽的选择基准是CCT的经验法则，采用三角核函数加权。以上回归中均添加了定期调整的固定效果。

根据表4.5的检验结果，以企业规模为例，恰好入选沪深300指数成份股的企业，在10%的统计水平上不存在差异，这表明前定的企业规模作为结果变量时，并没有在间断排名处发生明显的跳跃。当前定的企业所有制属性作为结果变量时，入选沪深300指数成份股也没有产生显著的影响。同样地，其他层面的企业事前特征变量也没有在间断点处发生显著的跳跃，这进一步验证了断点回归设计的有效性。

4.4　股指成份股调整与企业金融资产配置

在验证了断点设计的有效性后，本节将重点分析入选沪深300指数成份股对企业金融资产配置的影响，并对回归结果进行稳健性检验，以论证基准结论的可靠性。

4.4.1　一阶段结果及分析

在验证入选股指成份股对企业金融资产配置的影响时，本书首先展示了企业入选沪深300指数的概率是否在断点左右两侧发生明显的跳跃。图4.2报告了驱动变量与企业入选沪深300指数成份股的关系。横轴表示中心化后的企业的日均市值排名，其中，横坐标轴上为0的点对应的是入选沪深300指数成份股中日均市值最小的企业的排名。纵轴代表入选沪深300指数成份股的概率，具体计算方式为某一排名区间入选沪深300指数成份股的企业数量除以该排名区间企业的总数量，其区间范围为0~1。从图4.2中可以很直观地看出，企业入选沪深300指数成份股的概率在标准化后的企业排名0点附近有明显的跳跃，在断点左侧，企业入选沪深300指数成份股的概率为0，在断点右侧，企业入选沪深300指数成份股的概率明显高于0。表4.6的Panel A中，一阶段的回归结果也报告了驱动变量对企业入选沪深 300 指数成份股的影响, 结果在 1% 的统计水平上显著, 进一步验证了入选沪深 300 指数的概率在断点处的跳跃, 说明排名断点作为企业是否入选沪深 300 指数成份股满足"工具变量"的相关性假设。

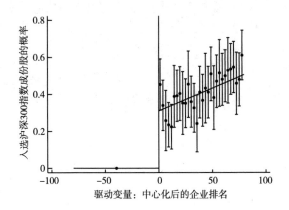

图 4.2　企业排名与入选沪深 300 指数成份股的概率

表 4.6　　入选沪深 300 指数成份股对金融资产配置影响的估计结果

项目	CCT		IK	
	三角核	矩形核	三角核	矩形核
	(1)	(2)	(3)	(4)
Panel A：一阶段估计				
基准线性回归	0.309 *** (0.023)	0.303 *** (0.031)	0.308 *** (0.023)	0.295 *** (0.029)
设置二次多项式	0.326 *** (0.023)	0.330 *** (0.034)	0.314 *** (0.022)	0.331 *** (0.033)
不设置交叉项	0.306 *** (0.023)	0.299 *** (0.031)	0.305 *** (0.023)	0.307 *** (0.025)
不设置交叉项, 添加二次项	0.258 *** (0.016)	0.262 *** (0.022)	0.252 *** (0.016)	0.260 *** (0.023)
Panel B：处理效应估计				
基准线性回归	1.903 *** (0.600)	1.739 ** (0.795)	1.887 *** (0.597)	1.667 ** (0.774)

续表

项目	CCT		IK	
	三角核	矩形核	三角核	矩形核
	(1)	(2)	(3)	(4)
Panel B：处理效应估计				
样本量	2665	2043	2696	2288
设置二次多项式	1.744 ***	1.662 **	1.701 ***	1.617 **
	(0.586)	(0.818)	(0.587)	(0.812)
样本量	5042	3734	5537	3769
不设置交叉项	1.925 ***	1.750 **	1.908 ***	1.958 ***
	(0.619)	(0.826)	(0.617)	(0.674)
样本量	2665	2043	2696	2288
不设置交叉项，添加二次项	1.680 ***	1.657 **	1.672 ***	1.712 **
	(0.545)	(0.724)	(0.537)	(0.723)
样本量	5042	3734	5537	3769

注：括号中数字为标准误，*** 、** 分别表示在 1%、5% 的统计水平上显著。以上回归结果均控制了定期调整的固定效果。

4.4.2 两阶段实证结果分析

图 4.3 展示了驱动变量与企业金融资产配置之间的关系。从图 4.3 中可以明显地看出，企业金融资产占比在断点右侧出现向上跳跃，也即入选沪深 300 指数成份股会增加企业的金融资产配置。

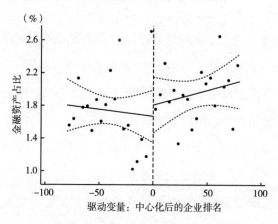

图 4.3 企业排名与金融资产占比

本书的基准回归参照卡洛尼科等（Calonico et al, 2017a, 2017b）的方法，通过最小化均方误差来得到最优的带宽，并采用三角核函数进行加权。表4.6 Panel B 中报告了两阶段回归的估计结果。从表4.6 列（1）的 Panel B 中可知，基准回归中，在考察入选沪深300指数成份股对企业金融资产占比的影响时，此时最优带宽为80名，该带宽下，断点回归估计使用的有效样本量为2665个。估计的系数为1.903，在1%的统计水平上显著。从统计意义上来看，相对于未入选沪深300指数成份股的企业，入选沪深300指数成份股使得企业金融资产配置比例显著地增加了1.903个百分点。表4.6的回归结果表明，入选沪深300指数成份股的"压力效应"占主导作用，增加了企业的金融资产投资。关于"压力效应"占主导作用的原因，本书认为在于我国资本市场成熟度的问题，分析师和机构投资者并未明显发挥监督效应，反而可能使得企业的短期业绩压力增大，促使管理层增加企业金融投资。关于入选沪深300指数成份股对金融资产配置影响的详细的一阶段与二阶段基准回归结果参见附录1。

4.4.3 稳健性测试

为了保证上述实证结果的可靠性，本书从不同的角度进行了稳健性测试。详细结果如下所述。

（1）设置驱动变量二次项与处理变量交叉项。考虑到在基准回归中，使用两阶段最小二乘方法回归时，线性假设可能与实际不相符，进一步地，本书也在基准方程中添加了驱动变量的二次项与处理变量的交叉项。回归结果仍表明了基准结构的稳健性（见表4.6）。

（2）不设置交叉项。基准方程中添加了驱动变量与处理变量的交叉项，在此，本书考虑了未添加交叉项的情形。本书研究结果发现，去掉交叉项后，与基准结果相比，实际结果并未发生变化（见表4.6）。

（3）不设置交叉项，设置二次多项式拟合函数。本书在稳健性测试

列（2）的基础上，增加了排名变量的二次项，验证结果的稳健性。表
4.6 中的结果表明，该结果与基准结果相比，几乎没有差异。

（4）使用矩形核函数。基准回归中，本书采用了三角核函数进行加
权。为了进一步论述基准结果的稳健性，本书也尝试了使用矩形核密度
函数作为权重函数，相应的结果报告在表 4.6 中。研究结果表明，使用
矩形核密度函数加权时，以及使用不同形式的拟合函数进行模糊断点回
归估计，得到的回归结果并未发生显著变化，进一步证实了研究结论的
可靠性。

（5）使用 IK 经验法则。本书的基准回归中，采用了 CCT 的经验法则
选取最优带宽。在此，本书也报告了基于 IK 法则选取最优带宽的结果。
相应的结果如表 4.6 的列（3）与列（4）所示。估计结果表明，基于 IK
最优带宽以及不同函数拟合形式、不同类型核函数加权时，断点回归估
计结果与基准结果保持一致。

（6）增加控制变量。在本书断点回归中，根据设计无须添加控制变
量。考虑到估计精度的问题，本书在稳健性测试中增加了控制变量。在
断点回归中，如果添加控制变量，则要求控制变量在断点附近连续（Im-
bens and Lemieux, 2008）。本书在断点设计有效性测试中已经证明了企业
事前特征的连续性。因此，在稳健性测试中，本书添加了企业规模、企
业的所有制属性、资产负债率、现金比例、成长机会、资产收益率、日
均市值、日均成交金额等控制变量后，进行回归。相应的估计结果见表
4.7 的 Panel A，估计结果与基准结果保持一致。

表 4.7　　　　　　　　　　　**稳健性检验**

项目	回归系数	标准误差	样本量
	（1）	（2）	（3）
Panel A：增加控制变量			
	1.773 ***	0.820	1232

续表

项目	回归系数	标准误差	样本量
	（1）	（2）	（3）
Panel B：使用不同带宽			
0.5h	2.091 ***	0.768	1322
0.75h	2.258 ***	0.669	1980
1.2h	1.660 ***	0.555	3194
1.5h	1.565 ***	0.502	4005
2h	1.528 ***	0.439	5339
Panel C：替换被解释变量			
	3.218 *	1.778	3703
Panel D：替换被解释变量			
	1.554 ***	0.544	2643
Panel E：使用 t + 2 期的结果变量			
	1.517 **	0.723	2965
Panel F：使用年度数据			
	2.243 **	0.886	1414

注：***、**、*分别表示在1%、5%、10%的水平上显著。表中结果均采用 CCT 带宽并使用三角核函数加权得到。以上回归均控制了定期调整的固定效果。

（7）带宽敏感性。断点回归的估计结果很容易受到带宽选择的影响。当选择的带宽越小时，估计结果会更加准确，更加有利于减少内生性偏误。但是过小的带宽也会使得样本量较少，从而导致估计结果的方差偏大。考虑到断点回归参数对带宽的设置非常敏感，从而使得估计结果缺乏稳健性。本书在基准回归中最优带宽 h 的选择基础上，分别设置最优带宽的 0.5 倍、0.75 倍、1.2 倍、1.5 倍以及 2 倍考察基准回归的稳健性。表4.7 的 Panel B 中给出了不同最优带宽倍数下，断点回归的估计系数和对应的标准误。与基准回归相比，使用最优带宽的不同倍数带宽得到的估计系数大小有轻微的差异，但是显著性基本未发生变化。使用 0.5

倍最优带宽与 0.75 倍最优带宽得到的估计系数略大，使用 1.25 倍最优带宽、1.5 倍最优带宽和 2 倍最优带宽得到估计系数小。以上结果也表明，本书断点回归的估计参数对带宽的选择不敏感。

（8）替换被解释变量。根据前面的文献综述，本书更换了对金融资产的测度指标，并重新进行了检验。首先，考虑到长期股权投资中，对金融类企业的股权投资也属于金融资产的范畴（彭俞超等，2018），本书将长期股权投资纳入金融资产，重新回归。相应的回归结果报告在表 4.7 的 Panel C 中，结果表明，增加长期股权投资改变金融资产的测度范围，不会影响基准结果。其次，参考刘珺等（2014）对金融资产的测度范围，考虑将交易性金融资产、买入返售金融资产、可供出售金融资产、发放贷款及垫款、持有至到期投资五类科目作为金融资产的范畴进行验证。相应的结果报告在表 4.7 的 Panel D 中，实证结果与基准回归保持一致。

（9）使用 t + 2 期的结果变量。基准回归中，第 t 期成份股的入选对应的是第 t + 1 期的结果变量，例如，2012 年 6 月成份股的入选对应的结果变量为 2012 年末企业金融资产配置情况。考虑到入选成份股的影响可能会持续，因此，在稳健性测试部分，本书将第 t 期企业是否入选成份股变量对应第 t + 2 期的结果变量，来考察入选沪深 300 指数成份股的影响，相应的结果报告在表 4.7 的 Panel E 中。实证结果表明，入选沪深 300 指数成份股也会对第 t + 2 期的金融资产配置产生正向影响。

（10）使用年度数据。基准回归中，本书使用了中报数据与年报数据来测量入选沪深 300 指数的影响。在第 6 章的机制分析部分，由于数据的可得性，机制变量均使用年度数据来测量。因此，本书在此使用年度数据验证入选沪深 300 指数的影响，相应的实证结果报告在表 4.7 的 Panel F 中。研究结果表明使用 2009～2018 年的年度观测值得到的结果与基准结果保持一致。

4.5　异质性因果效果分析

在第4.4节中，断点回归结果及其相关拓展分析均是针对样本整体而言的，本书发现，入选沪深300指数成份股会对金融资产投资产生正向显著的影响。然而，入选沪深300指数成份股对企业金融资产配置可能存在异质性影响。例如，银企关系建立与否会使得企业获取资本要素合约的交易成本存在差异，从而引起异质性效果。本章主要结合委托代理理论、交易成本理论、激励理论等，从代理成本、内部信息透明度、股权集中度、银企关系、市场势力以及企业生命周期等方面进行异质性因果效果分析。异质性因果效果分析不仅能帮助识别因果效果的差异，还能帮助进一步厘清入选股指成份股影响企业金融资产配置的潜在逻辑和企业配置金融资产的动机。

4.5.1　代理成本的角度

企业所有者和管理者之间的委托代理问题是管理层偏好于金融资产投资的重要原因（杜勇等，2017；王瑶和黄贤环，2020）。基于前文的论述，入选沪深300指数成份股会发挥压力效应，这会激化代理问题，促使管理层配置更多的金融资产以实现短期业绩的提高。这也就意味着，如果企业的代理冲突越强，管理层的道德风险也就越严重，管理层因为压力效应通过金融资产投资以提升短期绩效的可能性进一步增加。因此，代理成本越高，入选沪深300指数成份股对企业金融资产配置的正向促进作用越强。

为了验证这一逻辑是否成立，本书参考当前学者的做法（Ang et al，2000；田利辉，2005），采用管理费用率（管理费用/营业收入×100%）作为衡量企业代理成本的代理变量。为了验证代理成本对于入选股指成份

与企业金融资产配置之间关系的影响，本书基于断点回归异质性因果效果
模型设定，在基准方程中添加了入选沪深 300 指数成份股与代理成本变量
的交叉项（$CSI300 \times Agency$），回归时，代理成本取上一年度的值来衡量。

　　本书首先将代理成本变量（$Agency$）替换基准回归中的结果变量来检
验该变量在断点处是否出现跳跃现象，相应的结果报告在表 4.8 的列
（1）中。从回归结果来看，入选沪深 300 指数成份股对前置的代理成本
变量没有显著的影响。这表明了该变量在断点处的连续性。

表 4.8　　　　　　　　　　　代理成本导致的异质性因果效果

变量	（1）	（2）
	Agency	*Y*
$CSI300$	−0.764 (1.808)	−0.210 (0.653)
$CSI300 \times Agency$	—	0.190 *** (0.049)
$Agency$	—	0.022 *** (0.008)
定期调整的固定效果	是	是
观测值	2650	2650

　　注：括号内数字为标准误；*** 表示在 1% 的水平上显著。

　　从表 4.8 的列（2）可知，入选沪深 300 指数成份股与代理成本交互
项（$CSI300 \times Agency$）的系数显著为正[①]。这表明企业的委托代理成本越
高越能够增强入选沪深 300 指数成份股对金融资产配置的促进作用。如果
入选沪深 300 指数成份股发挥了监督效应，改善了企业的治理结构，缓解
了代理冲突，那么对于代理问题越严重的企业，入选沪深 300 指数成份股
发挥监督效应的边际作用就会越强，对金融资产配置的促进作用会相对

---

　　①　探讨异质性因果效果时，本书在基准回归中采用了 CCT 的经验法则选取最优带宽。本
书也基于 IK 法则选取最优带宽进行稳健性测试，回归结果中 $CSI300 \times Agency$ 的系数为 0.189，
对应的标准误为 0.049，在 1% 的统计水平上显著，与基准结果保持一致。同样地，在后文中的
其他小节进行异质性因果效果分析时，本书也同样使用 IK 带宽进行稳健性测试，回归结果均与
基准结果保持一致。

越弱。该结论实际上从侧面说明了入选沪深300指数成份股并没有发挥监督效应,进一步佐证了入选沪深300指数成份股的压力效应导致企业增加了金融资产的配置以实现短期业绩的提高。

4.5.2 内部信息透明度的角度

企业内部信息透明度的提高,有利于外部投资者更加有效地对企业管理层进行监督,这可以有效地抑制管理层的道德风险,防止管理层的机会主义行为,减少其基于自利性的经济行为。根据前文分析,入选沪深300指数成份股的压力效应加剧了管理层的机会主义动机,促进管理层配置更多的金融资产。当企业内部信息环境较好时,入选沪深300指数成份股推动的管理层的短视行为能够得到有效遏制。此时,入选沪深300指数成份股对企业金融资产配置的促进作用可能会被降低。反之,当企业内部信息环境较差时,管理层进行投资决策会缺乏有效的监督和控制,实施机会主义行为的概率增加,则可以预期入选股指成份股与企业金融资产配置之间的正向关系将进一步加强。

会计师事务所的规模越大,其审计质量也会越高(Mansi et al,2004),审计质量与审计师的声誉是正相关的(Guedes and Opler,1996)。声誉越高的会计师事务所,如果事后被公众发现审计师存在徇私舞弊行为,其社会公信力就会下降,声誉会受损害。因此,经声誉越高的会计师事务所审计的财务报告信息质量越高(Beatty,1989)。参考现有研究(Lang and Maffett,2011;辛清泉等,2014),如果企业年报的审计师来自四大会计师事务所(以下简称"四大"),则意味着企业自身财务报告质量更高,从侧面也反映了企业的信息透明度更高。为了验证内部信息透明度对"入选股指成份股与企业金融资产配置"的影响,本书采用在基础模型中引入入选股指成份股与审计师来自"四大"的交叉项($CSI300 \times Big4$)去验证。如果企业上一年度年报的审计师来自"四大",则$Big4$

取值为 1，否则取值为 0。

本书继而检验了变量审计师是否来自"四大"（*Big*4）在断点左右两侧的跳跃情况。从表 4.9 中列（1）的回归结果中，可以明显地发现，入选沪深 300 指数成份股对企业年报的审计师是否来自"四大"没有显著的影响，这说明了该变量在断点处的连续性。

表 4.9　　　　　　内部信息透明度导致的异质性因果效果

变量	（1）	（2）
	*Big*4	*Y*
*CSI*300	− 0.087 (0.059)	1.394 ** (0.566)
*CSI*300 × *Big*4	—	− 1.964 ** (0.956)
*Big*4	—	0.087 (0.284)
定期调整的固定效果	是	是
观测值	2577	2577

注：括号内数字为标准误；** 表示在 5% 的水平上显著。

根据表 4.9 列（2）的回归结果，入选沪深 300 指数成份股与审计师来自"四大"的交互项的系数显著为负。这表明内部信息透明度的提高，使得入选沪深 300 指数成份股对企业金融资产配置的正向促进作用有所下降。从以上结论中可以看出，如果企业的内部信息透明度足够高，企业配置金融资产维持短期业绩或提升的短视行为更易被投资者等发现，这有效地缓解了因入选股指成份股的压力效应所引起的金融资产配置的提高。因此，内部信息透明度较高的企业，入选沪深 300 指数成份股对金融资产配置的促进作用较弱。

4.5.3　股权集中度的角度

本书从股权集中度的角度分析了入选沪深 300 指数成份股对企业金融

资产配置的异质性影响。由于信息不对称问题的存在，股东和管理者之间存在较为严重的代理问题。企业管理层出于维护自身职业安全，提升自身薪酬水平，短期内实现业绩提高的考虑，会将大量的资金配置于收益率较高的金融资产，而忽视企业的长远发展。如果企业出于逐利动机配置金融资产，对于股权集中度较高的企业，大股东有较高的动机和能力监督管理层，这在一定程度上会降低管理层短视行为的可能性（吴育辉和吴世农，2010）。另外，对于股权集中的企业，大股东更加注重价值投资，重视企业的主业发展，追求长期利益（顾雷雷等，2020）。因此，股权集中的企业，大股东更能发挥监管作用，以约束入选沪深300指数成份股的压力效应带来的管理层的道德风险与逆向选择问题，促使其注重企业长期稳定发展，降低对金融资产的投资偏好。为了验证大股东的监督效应对"入选沪深300指数成份股与企业金融资产配置"的影响，本书仍在基础模型中引入入选沪深300指数成份股与股权集中度交叉项（$CSI300 \times Shrcr$）。关于股权集中度变量（$Shrcr$），本书采用上一年度第一大股东持股比例来衡量。

同样地，在报告异质性回归结果之前，本书首先检验了股权集中度变量在断点左右两侧的跳跃情况。表4.10中列（1）的回归结果表明，入选沪深300指数成份股对股权集中度在统计上没有显著的影响，这证明了股权集中度变量在断点处的连续性。

表4.10　　　　　　　　　股权集中度导致的异质性因果效果

变量	(1) Shrcr	(2) Y
$CSI300$	-3.977 (3.480)	2.622 *** (0.758)
$CSI300 \times Shrcr$	—	-0.037 * (0.019)
$Shrcr$	—	-0.0005 (0.005)

续表

变量	(1)	(2)
	Shrcr	*Y*
定期调整的固定效果	是	是
观测值	2665	2665

注：括号内数字为标准误；***、* 分别表示在 1%、10% 的水平上显著。

根据表 4.10 列（2）的回归结果，入选沪深 300 指数成份股与股权集中度交互项的系数显著为负，这表明大股东治理效应的存在负向调节入选 300 指数成份股与金融资产持有的关系。也就是说，随着企业股权集中度的提高，入选沪深 300 指数成份股对企业金融资产配置比例的正向作用被削减。从以上结论中可以看出，大股东的监督作用可以在一定程度上抑制由于入选沪深 300 指数的压力效应导致的管理层追逐短期利润的短视行为，降低入选成份股对金融资产配置的促进作用。

4.5.4　银企关系建立的角度

银企关系的建立也可能导致入选沪深 300 指数成份股对企业金融资产配置的异质性因果效果。所谓银企关系，也就是企业与银行的关联关系。作为经济活动的主体，企业与银行、政府、供应商等之间的关系链条会构成企业的社会资本。由于金融监管制度的加强，对于商业银行的放贷要求更加严格，加重了银行的"惜贷"现象（戴静和张建华，2013）。企业需要向银行提供更多信息以及付出更多的交易成本才能获得信贷合约。戴蒙德（Diamond，1984）研究表明，建立银企关系的企业拥有一种重要的社会资源，银企关系的建立有利于降低企业和银行订立借贷合约过程中的交易成本。邓建平和曾勇（2011）研究表明，如果企业的高管具有银行工作背景，能帮助企业了解银行等金融机构的信息需求，缓解双方信息不对称，帮助银行和企业达成借贷契约，从而帮助企业获得更多长期银行贷款。不少研究也表明，银企关系的建立有助于企业获得银行贷款等外源融资（Berlin and Loeys，1988；Agarwal and Elston，2001），从而缓减企业的融资约束。居内尔和马尔门迪尔（Güner and Malmendier，2008）研究表明，董事是银行家的情况下能帮助企业获得更多的银行贷款，提高外部融资效率。陆等（Lu et al，2012）发现，企业持有银行股份时，会增加企业的信贷额度，这会缓解企业的融资约束。另外，如果企业的 CEO 拥有金融背景，这也会在一定程度上改善企业的现金持有情况，从而促使企业适当减少现金持有量，拥有相对宽松的金融投资环境（杜勇等，2017）。因此，存在银企关系的企业，其面临的融资约束程度相对于未建立银企关系的企业更低。

对于存在银企关系的企业，其融资约束程度较低，面临的外部融资环境较为良好，企业可能不需要通过金融资产投资来应对未来生产、经营等活动中可能出现的资金问题，因此企业基于预防储蓄动机增持金融资产的动机较弱。而对于未建立银企关系的企业，其融资约束程度相对较高，由于金融资产流动性较强，企业很可能储备金融资产以应对未来不确定性的资金来源，其基于预防储蓄动机增持金融资产的动机较强。考虑到入选沪深300指数成份股能够增加企业获得外部资源的优势，缓解企业的融资约束。如果企业是基于预防储蓄动机配置金融资产，对于未建立银企关系的企业，其融资约束程度较高，此时，入选沪深300指数成份股会促进金融资产配置的增加。而对于存在银企关系的企业，其外部融资环境较为良好，面临的融资约束程度较低，企业通过增加金融资产配置缓解流动性约束的偏好较低。因此，融资约束的降低可能会降低入选沪深300指数成份股对金融资产配置的促进作用。

从另一个层面来看，存在银企关系的企业，由于该类企业本身面临的外部资金环境较为宽松，如果企业投资金融资产是为获取更多的超额利润，入选沪深300指数成份股带来的外部资源会进一步促使企业将更多的资金注入金融资产配置，以期得到高收益的回报。此时，对于企业而言，存在银企关系反而会进一步促进入选沪深300指数成份股对金融资产的正向作用。

由于银企关系对金融资产的配置作用既可能为正，也可能为负，因此，本书对银企关系引起的异质性因果效果进行实证检验。参考翟胜宝等（2014）的研究，本书设定银企关系变量（*BC*）取值为 1，如果企业有以下情况之一：高管具有银行工作背景；企业持有银行股份；银行持有企业股份，关于银企关系变量，本书同样取上一年度的值来衡量。同样地，本书基于断点回归异质性因果效果模型设定，在方程中引入银企关系与入选沪深 300 指数成份股的交叉项，来检验银企关系建立对入选股指成份股与企业金融资产配置影响的作用。

同样地，在报告异质性回归结果之前，本书检验了银企关系变量在断点处的跳跃情况。用银企关系变量替换基准回归中的结果变量，也没有发现入选沪深 300 指数成份股变量前的系数具有显著的影响（见表4.11 的列（1））。这表明了银企关系变量在断点处是连续的。

表 4.11　　　　　　　　　　银企关系建立导致的异质性因果效果

变量	(1)	(2)
	BC	*Y*
*CSI*300	0.102 (0.106)	1.207 ** (0.615)
*CSI*300 × *BC*	—	0.943 * (0.550)
BC	—	0.151 (0.152)
定期调整的固定效果	是	是
观测值	2665	2665

注：括号内数字为标准误；**、*分别表示在5%、10%的水平上显著。

表 4.11 列（2）的回归结果显示，入选沪深 300 指数成份股与银企关系建立的交互项的系数在 10% 的统计水平上显著为正，入选沪深 300 指数成份股对金融资产投资的促进作用在银企关系建立的企业中更为明显。该结论也在一定程度上说明了企业配置金融资产的逐利动机。

4.5.5 企业市场势力的角度

企业市场势力的强弱决定了企业在产品市场竞争中地位的高低，从而影响企业的战略规划与经营决策。对于市场势力较强的企业，其在行业中具有较高的竞争地位。该类企业可凭借自身拥有的资源扩大生产经营，与上下游企业达成联盟，从而具有较高的市场话语权（Gaspar and Massa，2006）。并且市场势力较高的企业，也可通过自身地位遏制和威胁竞争对手在相关的产品市场中获利（Fudenberg and Tirole，1987）。由此可见，具有较高竞争地位的企业其面临的竞争对手的威胁也较小，经营风险也会更低（Irvine and Pontiff，2009）。根据投资替代理论，企业所处的竞争环境越激烈，面临的主营业务利润下滑、产能过剩的问题越严重，会驱使企业投身金融行业（Crotty，2003）。对于大部分企业而言，实现利润最大化是企业经营的主要目标。对于市场势力较强的企业而言，由于其在市场上的竞争地位较高，拥有较强的盈利能力与定价能力，这类企业的主营业务收益率较高。因此，市场势力强的企业，其本身主营业务收益率较高，入选成份股后维持短期业绩提高的压力较小，并且市场势力高的企业也有更强的动力扩大资产规模和市场份额，进一步提升企业的竞争地位。对于市场势力较弱的企业而言，其市场竞争地位较低。由于市场份额、投资机会以及市场资源有限，同行业内市场势力低的企业之间竞争更加激烈，其主营业务的利润率可能会呈现亏损的状态，因此企业更倾向于投资金融资产实现获利。因此，市场势力低的企业可能会利用入选沪深300指数成份股带来的资源优势进行金融资产配置以获得更高的收益。

为了验证企业市场势力（Markup）对"入选沪深300指数成份股与企业金融资产配置"的影响，本书在基础模型中引入入选沪深300指数成份股与企业市场势力的交叉项（CSI300 × Markup）的方式去验证，其中，市场势力变量取上一期的值（关于市场势力的测量详见第3.2.6节）。

同样地，在报告异质性回归结果之前，本书首先检验了企业市场势力变量在断点左右两侧的跳跃情况。表4.12中列（1）的回归结果表明，入选沪深300指数成份股对企业市场势力在统计上没有显著的影响，这证明了市场势力变量在断点处的连续性。根据表4.12中列（2）的回归结果，入选沪深300指数成份股与市场势力的交互项的系数显著为负，这表明随着企业市场势力的提高，入选沪深300指数成份股对企业金融资产配置比例的正向作用被削减。

表 4.12　　　　　　　　企业市场势力导致的异质性因果效果

变量	（1）	（2）
	Markup	*Y*
*CSI*300	407.420 (653.204)	1.417 ** (0.605)
*CSI*300 × *Markup*	—	− 4.82e − 04 *** (1.80e − 04)
Markup	—	4.13e − 05 * (2.14e − 05)
定期调整的固定效果	是	是
观测值	2206	2206

注：括号内数字为标准误；*** 、** 、* 分别表示在1%、5%、10%的水平上显著。

4.5.6　企业生命周期的角度

企业所处生命周期的阶段的不同也可能会引起入选股指成份股对企业金融资产配置的异质性影响。关于企业生命周期理论，海尔（Haire，1959）认为，公司的发展历程与生物的成长历程类似，都要经历由盛到衰的过程。加德纳（Gardner，1965）认为，公司的生命周期有其特殊属性。早期的研究证实了企业生命周期的存在，并且根据企业的生产经营状况、组织特征形式等将企业划分为不同的生命周期阶段（James，1973；

Adizes，1989）。随后大多数研究将企业的生命周期划分为初创期、成长期、成熟期与衰退期四个阶段（梁上坤等，2019）。处于不同生命周期阶段的企业其治理结构、融资约束、资本配置效率等存在不同之处（Cumming and Johan，2010；李云鹤等，2011），入选沪深 300 指数成份股对于处于不同生命周期阶段的企业金融资产配置的影响可能也不同。考虑到上市公司一般不包括初创期企业（曹裕等，2010；李云鹤等，2011），本节中，将企业的生命周期划分为成长期、成熟期与衰退期（详见第 3.2.7 节）。

对于处于成长期的企业而言，企业需要大量的研发投入与试验对产品技术和服务进行升级，以获得市场的认可，提高其市场竞争地位。因此，这个阶段，虽然企业开始逐渐盈利，但是其内部现金流并不稳定（黄宏斌等，2016）。并且，处于成长期的企业受制于企业规模等制约，其面临的融资约束问题较为严重（张晓玫等，2015）。由于成长期企业的主要目标是实现规模的扩大以及市场占有率的提高，其主营业务的发展需要持续的大量的资金投入。对于成长期的企业而言，入选沪深 300 指数带来的外部资源以及企业内部的资金更多地直接用于发展主营业务活动而并非通过投资金融资产进行预防储蓄或是投资获益。

对于处于成熟期的企业而言，企业可以实现稳定的盈利，其内部现金流比较稳定（黄宏斌等，2016）。一方面，处于成熟期的企业，其品牌实力与企业声誉较高，与金融机构等之间的合作关系较为密切。与金融机构之间的合作对于企业而言也是一种社会资本，有助于银行等金融机构了解企业财务信息，降低签订信贷合约过程中的交易成本。因此，处于成熟期的企业，其面临的外部融资约束较低（肖忠意和林琳，2019）。另一方面，处于成熟期的企业，其经营状况等趋于稳定，企业的所有权与经营权会进一步分化，企业的代理问题将会变得较为严重，管理层进行持续性创新的动力可能会减弱（谷丰等，2018）。因此，对于处于成熟期阶段的企业而言，由于面临的融资约束较轻，代理冲突加剧。此时，如果入选沪深 300 指数成份股对企业金融资产配置促进作用更明显，则在一定程度上可以说明企业配置金融资产的逐利动机。

对于处于衰退期的企业而言，企业产品的市场占有率不断下降，经营开始出现亏损（黄宏斌等，2016）。同时，企业的成长空间进一步萎缩，企业也面临着较大的被并购的风险（Adizes，1989）。处于这个阶段的企业，银行等金融机构也会缩小对企业的授信规模，企业面临的融资约束问题较大（肖忠意和林琳，2019）。另外，对于衰退期的企业，代理问题也会延续。管理者的主要目标是延长企业的生存期限，削减开支，降低企业破产或被并购的风险，倾向于多元化资产配置，以获取利润。在此动机下，一方面，企业可能会增大金融资产的配置进行预防储蓄之用；另一方面，企业也可能通过配置金融资产获利以改善企业业绩。因此，对于衰退期的企业而言，入选沪深 300 指数成份股带来的资源优势很可能会促进企业金融资产的投资，以获得新的利润点。

根据表 4.13 的回归结果，对于成熟阶段和衰退阶段的企业而言，入选沪深 300 指数成份股对企业金融资产配置的影响在 1% 的统计水平上显著为正。而对于成长阶段的企业而言，入选沪深 300 指数成份股对企业金融资产配置没有显著的影响。本身对于处于成熟阶段的企业，其内部资金较为充足，外部融资环境较为良好，面临的约束偏低，入选沪深 300 指数成份股反而增加了金融资产的配置。虽然成熟期代理问题的加重可能是导致这一变化的原因，但是从企业配置金融资产的动机来看，该类企业融资约束程度较低，如果企业是基于预防储蓄动机配置金融资产，入选沪深 300 指数成份股可能并不会增加甚至会减少金融资产的配置。从这样的结论中，也可间接说明企业配置金融资产的动机是基于利润追逐。

表 4.13　　　　企业生命周期导致的异质性因果效果

变量	(1)	(2)	(3)
	成长阶段	成熟阶段	衰退阶段
*CSI*300	0.282 (0.745)	2.370*** (0.983)	5.327*** (1.457)

变量	(1)	(2)	(3)
	成长阶段	成熟阶段	衰退阶段
定期调整的固定效果	是	是	是
观测值	1514	624	646

注：括号内数字为标准误；*** 表示在 1% 的水平上显著。

4.6　本章小结

本章先基于理论基础构建了入选沪深 300 指数成份股对企业金融资产配置的理论假设，然后利用沪深交易所 2009～2018 年实体上市企业的财务数据及其他相关数据，基于沪深 300 指数选样规则与调整规则，采用沪深 300 指数定期调整时审核期内企业日均市值排名导致的入选成份股概率的变化构建断点设计方法，探讨了入选沪深 300 指数成份股对于企业金融资产配置的因果效果。

具体而言，本书采用每次入选沪深 300 指数成份股的企业中，日均市值最小的企业排名作为间断点排名，并将中心化后的企业日均市值排名作为驱动变量。在经过对断点回归设计有效性需要满足的假设条件进行验证后，本书认为采用断点回归设计是合理的。基于此，断点回归得到主要结论如下：（1）企业入选沪深 300 指数成份股的概率在断点排名左右两侧发生了明显的变化。（2）企业金融资产配置情况在断点左右两侧发生了明显的变化。（3）企业入选沪深 300 指数成份股能够显著提升企业金融资产配置比例。由于入选沪深 300 指数成份股的压力效应，导致管理层的机会主义动机加强，促进了企业金融资产配置。在断点回归结果的基础上，本书选取了 6 个有意义的变量指标（代理成本、内部信息透明度、股权集中度、银企关系建立、市场势力、企业生命周期）进行异质性因果效果探讨。具体得到的研究结论有：（1）企业代理成本的提高会进一步增强入选沪深 300 指数成份股对金融资产配置的正向影响。（2）内部信息透明度越高，入选沪深 300 指数成份股对金融资产配置的促进作用会被弱化。（3）企业股权集中度的提高会削弱入选沪深 300 指数成份股对金融资产配置的正向作用。（4）银企关系的建立会促进入选沪深 300 指数成份股对金融资产投资的正向作用。（5）市场势力的提高会抑制入选沪深 300 指数成份股对金融资产配置的促进作用。（6）处于成熟期和衰退期的企业，入选沪深 300 指数成份股对于金融资产配置的促进作用更加明显。

基于上述异质性分析结果，可以初步得到以下结论：（1）入选沪深 300 指数成份股促进企业配置金融资产的背后确实是因为代理问题引起的。由于入选成份股带来的压力效应，企业管理层更倾向于利用金融资产配置获利以维持短期绩效，这一结论可以从代理成本的提高能够增加入选沪深 300 指数成份股对金融资产的配置、高信息透明度弱化入选沪深 300 指数成份股的金融资产配置，以及大股东的监督作用降低入选沪深 300 指数成份股的企业的金融资产投资上有所反映。（2）入选沪深 300 指数成份股使得企业获取一系列的资源优势，但是由于维持成份股地位等压力的存在，企业将获得的资源用于能提高短期效益的金融资产投资，这反映了企业配置金融资产的逐利动机。这一结论可以从建立银企关系的企业入选沪深 300 指数成份股对金融资产持有的促进作用更强以及成熟期企业入选沪深 300 指数成份股对金融资产配置的正向显著作用上有所体现。除此以外，由于市场势力较高的企业，其主营业务收益也较高，因此市场势力的提高会抑制入选沪深 300 指数成份股对金融资产投资的促进作用。这也就意味着，市场势力越低的企业，入选沪深 300 指数成份股对金融资产投资的促进作用越大。

第5章 股指成份股调整对不同类型金融资产配置的影响

股指成份股调整不仅会影响实体企业金融资产配置总量，也会影响不同类型的金融资产配置。不同类型的金融资产因流动性、收益率的不同，受入选沪深300指数成份股的影响也不同。对此，本书进一步分析了入选沪深300指数成份股对短期与长期金融资产配置的影响。

5.1 理论分析与研究假设

金融资产不仅具有流动性功能，可以避免企业未来资金短缺的风险，同时也具有投机与增值功能，会给企业带来高额的收益。不同类型的金融资产在持有期限、收益率等方面存在差异，不同类型的金融资产持有情况受企业入选股指成份股的影响可能也不同。

5.1.1 影响短期金融资产配置的理论分析

短期金融资产如交易性金融资产，其调整成本较低，变现能力较为灵活。对于企业而言，一方面，持有短期金融资产可以作为预防储蓄之用，尤其是企业遇到融资困境时，企业可通过出售短期金融资产缓解财务困境（胡奕明等，2017）。这也意味着，如果企业的融资约束与流动性困境能够得到缓解，那么理性的企业为优化资源配置效率，会降低对短期金融资产的配置。另一方面，短期金融资产也具有投机性质，管理层可以通过投资短期金融资产以实现调节企业利润，粉饰短期业绩的目的（Hutton et al，2009；冯晓晴等，2019）。相对于现金资产，短期金融资产能够产生投资收益。由于短期金融资产收益实现的期限短，管理层的短视偏好很可能会使得短期金融资产成为实现短期套利的工具。从入选成份股的监督效应来看，入选成份股会增加分析师关注与机构投资者持股（Pruitt and Wei，1989；Chen et al，2004；Elliott et al，2006；Chan et al，2013；Zhu et al，2017），这会促使企业提供更高质量的财务信息（Platikanova，2008），降低信息不对称的程度（Cornett et al，2007），缓解企业的融资约束（甄红线和王谨乐，2016）。对于短期金融资产而言，如果企业投资短期金融资产是为了调节企业的资金管理水平，防范未来可能出现的流动性风险，那么入选成份股带来的融资约束的缓解会降低企业利用短期金融资产投资实现预防储蓄的动机。与此同时，入选成份股带来的监督效应也会发挥治理效应（Healy and Palepu，2001），这会缓解企业的代理冲突，降低外部投资者对企业监督的难度，从而约束企业配置短期金融资产投机获利的短视偏好。由此可见，无论企业配置短期金融资产是基于预防储蓄还是逐利动机，入选指数成份股的监督效应都会降低企业对短期金融资产的配置。

　　然而，从入选成份股的压力效应来看，短期金融资产配置更加可能作为实现管理层追逐短期利润的工具。基于激励理论、委托代理理论和信息不对称理论，企业管理层为维持自身利益，迎合各利益相关者需求（维持股价、维持成份股地位等），转向短期就能获益的金融资产投资项目也是其"理性之举"。根据沪深 300 指数成份股的调整规则，中证指数有限公司每半年都会对候选股按照流动性、市值等进行排名，这就意味着如果入选沪深 300 指数成份股后，企业短期业绩出现下滑，那么该企业很可能从下期成份股中被除名。考虑到入选成份股不仅增加了企业声誉，还会增加经理人的声誉，退出成份股有可能使得企业建立的好声誉受到损害，也会降低经理人在市场上的议价能力。因此，股东对管理层有维持成份股地位的要求，管理层自身也有很强的激励维护企业成份股地位。入选成份股使得企业获得一系列良好的资源支持，例如，入选成份股的企业传递了经营信息良好的信号，在与银行等金融机构签订借贷合约的过程中，面临的交易费用相对较低，这在一定程度上能增加企业融资的便利程度，降低企业基于预防储蓄动机对短期金融资产的配置。但是由于入选成份股的业绩压力，加之短期金融资产实现收益的期限较短，其带来的收益可迅速反映在股价之中，考虑到成份股调整带来的短期业绩压力，管理层可能会提升具有投机性质的短期金融资产的配置。

同样地，考虑到入选成份股的监督效应很可能并不能有效发挥（详见本书第 4.1 节）。入选沪深 300 指数成份股通过压力效应促使企业配置更多的短期金融资产。因此本书提出以下假设。

H5.1.1：入选沪深 300 指数成份股会增加企业短期金融资产的配置。

5.1.2 影响长期金融资产配置的理论分析

对于长期金融资产来说，其缺乏足够的流动性，持有期限较长，变现能力较弱，转换成本高，但具有较高的回报率。企业对于长期金融资产的投资是以减少实体经济投资为代价的（胡奕明等，2017），更多地表现为市场套利行为（王红建等，2017）。由于委托代理问题的存在，企业管理层的行为很难得到有效监督，管理层出于自身利益的考虑，很可能会减少对风险高、收益实现周期长的研发等实体投资，而偏好长期金融资产投资获取高额的利润。在第 5.1.1 节中已经论述了入选股指成份股可能会提高分析师的关注度以及机构投资者持股。二者可能会发挥治理效应，改善企业的治理机制，从而降低代理动机下管理层短视导致的投机行为。因此，如果入选股指成份股能够发挥积极的监督效应，则会抑制企业的长期金融资产配置。

如果入选成份股的监督效应不足，很可能会促进企业的长期金融资产投资。一方面，基于信号传递理论，入选成份股向银行等金融机构传递出经营稳定和股票收益良好的信号，这可能会增加企业获得信贷的概率，缓解企业的外部融资约束。由于委托代理问题的存在，以及长期金融资产的高收益，加之入选成份股带来的监督效应不足，管理层有很强的激励将入选成份股获得的资源用于长期金融资产配置。另一方面，从成份股调整带来的压力的角度来看，相对于研发投资、资本投资等长期投资，投资长期金融资产的收益期限相对较短，收益率较高。尽管长期金融资产的收益在短时间内（半年期）很难反映在股价上，但是其收益的实现可以为后续企业维持成份股地位作出贡献。除此之外，投资长期金融资产会给企业带来丰厚的利润，而在我国资本市场上，管理层的薪酬又与企业的利润相挂钩，企业获得的利润越高，管理层所享受的薪资待遇也就越高。但是当投资长期金融资产导致损失时，管理层无须为此承担严重的薪资惩罚。因此，这也会激励管理层将入选成份股带来的资源用于长期金融资产配置。基于上述分析，本书提出以下假设。

H5.1.2：入选沪深300指数成份股会增加企业长期金融资产的配置。

5.2 研究设计

5.2.1 数据来源、变量设定与描述性统计

5.2.1.1 数据来源

本章主要采用断点回归的方法分析入选股指成份股对企业短期金融资产配置和长期金融资产配置的影响。实际上所用数据与第4章保持一致。

5.2.1.2 变量设定

首先是被解释变量。本章着重考察入选沪深300指数成份股对企业短期金融资产与长期金融资产配置的影响。基于第4章对金融资产范畴的划分，参考资产负债表项目以及现有学者对金融资产的分类（彭俞超等，2018），短期金融资产包括交易性金融资产、发放贷款及垫款与可供出售金融资产，长期金融资产包括衍生金融资产、持有至到期投资与投资性房地产。Y^S和Y^L分别代表短期和长期金融资产配置情况，并分别采用短期金融资产占总资产的百分比与长期金融资产占总资产的百分比来衡量。

其次，核心解释变量、驱动变量、公司层面的特征变量以及每期调整的固定效应与第4章保持一致，这里不再赘述。同样地，在基准回归中，本书并未添加任何企业层面的控制变量。

5.2.1.3 描述性统计

表5.1报告了变量的描述性统计结果。全样本中，通过企业配置金融资产的指标可以看出，企业配置短期金融资产比例的平均值为1.299（%），方差为2.699（%）。企业配置长期金融资产的比例为0.634%，最小值为0，表明了部分企业并未配置长期金融资产。另外，从全样本来看，企业持有长期金融资产的比重低于持有短期金融资产的比重。关于其他变量的统计性描述与第4章的表4.2一致，这里不再赘述。

表5.1   变量描述统计

变量	观测数	均值	方差	最小值	最大值
Y_S	18,836	1.299	2.669	0	20.880
Y_L	18,836	0.634	1.629	0	20.620
$CSI300$	18,836	0.238	0.426	0	1

资料来源：笔者整理获得。

另外，本书也进行了组间差异分析，考察了入选与未入选沪深300指

数成份股两类上市企业对不同类型金融资产配置的差异。表 5.2 的列
（1）与列（2）分别描述了入选沪深 300 指数成份股的企业与未入选的企
业的短期与长期金融资产配置的均值，列（3）则展示了两类企业之间的
差异。从列（3）的均值差异检验（t 检验）来看，与未入选沪深 300 指
数成份股的企业相比，入选沪深 300 指数成份股企业的短期金融资产配置
比例显著较高，长期金融资产配置比例显著较低。表 5.2 的描述性统计结
果初步表明，入选沪深 300 指数成份股与否会导致企业短期金融资产和长
期金融资产配置行为存在差异。关于企业其他特点的差异描述统计，与
第 4 章的表 4.3 一致，这里不再赘述。

表 5.2　　　　　　　　　　　　　**变量描述统计**

变量	$CSI300 = 1$	$CSI300 = 0$	差值
	(1)	(2)	(3) [= (1) − (2)]
Y^S	1.516 (2.830)	1.232 (2.614)	0.284 *** (0.046)
Y^L	0.492 (1.258)	0.678 (1.726)	− 0.186 *** (0.028)

注：*** 表示在 1% 的水平上显著。列（1）和列（2）括号中数字为方差，列（3）括号中
数字为标准差。

5.2.2　模型设定

为了验证入选沪深 300 指数成份股对企业短期金融资产配置和长期金
融资产配置的影响，本书同样采取断点回归的方法进行验证（以短期金
融资产配置为例）。

其模型设定如下：

$$Y^s_{it+1} = \delta^s_0 + \delta^s_1 CSI300_{it} + \delta^s_2 X_{it} + \delta^s_3 CSI300_{it} X_{it} + \tau^s_t + \varepsilon^s_{it} \qquad (5.1)$$

第一阶段的方程设定如下：

$$CSI300_{it} = \alpha^s_0 + \alpha^s_1 X_{it} + T_{it}(\alpha^s_2 + \alpha^s_3 X_{it}) + \tau^h_t + \varepsilon^h_{it} \qquad (5.2)$$

$$CSI300_{it} X_{it} = \alpha^s_{10} + \alpha^s_{11} X_{it} + T_{it}(\alpha^s_{12} + \alpha^s_{13} X_{it}) + \tau^l_t + \varepsilon^l_{it} \qquad (5.3)$$

第二阶段的方程设定如下：

$$Y_{it+1}^s = \pi_0^s + \pi_1^s \widehat{CSI300}_{it} + \pi_2^s X_{it} + \pi_3^s \widehat{CSI300_{it} X_{it}} + \tau_t^m + \varepsilon_{it}^m \tag{5.4}$$

其中，下标 i 代表企业，t 代表第 t 期调样。Y^s 代表企业短期金融资产占总资产的比重。同样地，本书设定上一年度的 12 月成份股的调整对应本年度上半年的金融资产情况，本年度 6 月的成份股调整对应本年末的金融资产情况。X_{it} 为每期定期调样时，中心化后的股票日均市值排名，也是本书的驱动变量。$X_{it} = c_t - rank_{it}$。c_t 为每期定期调样时按照"日均市值排名"得到的间断点的排名。若 $X_{it} \geq 0$，则 T_{it} 取值为 1；若 $X_{it} < 0$，则 T_{it} 取值为 0。τ_t^s，τ_t^h，τ_t^l，τ_t^m 表示每次定期调整的固定效应。$\widehat{CSI300}_{it}$ 为方程 (5.2) 中结果变量的拟合值。$\widehat{CSI300_{it} X_{it}}$ 为方程 (5.3) 中结果变量的拟合值。ε_{it}^s，ε_{it}^h，ε_{it}^l，ε_{it}^m 为扰动项。其中，方程 (5.2) 中，α_2^s 为间断点右侧和间断点左侧股票入选沪深 300 指数成份股的概率差值。方程 (5.1) 中，δ_1^s 为间断点两侧短期金融资产配置情况差异，其值是通过两阶段最小二乘法从式 (5.4) 中估计得出（对应于 π_1^s）。同样地，本书也设置了驱动变量的不同形式（去掉交叉项，去掉交叉项并增加驱动变量的二次项等）进行稳健性测试。

在评估入选股指成份股对企业短期金融资产和长期金融资产配置的影响时，本书依然采用 CCT 带宽作为最优带宽的选择基准。后续实证部分也将采用 IK 带宽进行稳健性检验。

5.3 股指成份股调整影响短期金融资产配置的实证检验

在报告断点回归结果之前，本书需要对断点设计的有效性进行检验。由于本章所用基准样本与第 4 章一致，且在第 4 章本书已经对断点设计的有效性进行了充分的论证，因此，在本章，关于断点设计的有效性不再重复讨论。

5.3.1　实证结果分析

在验证入选股指成份股对企业短期金融资产的影响时，本书首先展示了企业入选沪深 300 指数的概率是否在断点左右两侧发生明显的跳跃。图 5.1 报告了入选沪深 300 指数成份股与驱动变量的关系，从图 5.1 中可以很直观地看出，企业入选沪深 300 指数成份股的概率在间断点处存在明显的跳跃。表 5.3 的 Panel A 中，一阶段的回归结果在 1% 的统计水平上显著，进一步印证了入选沪深 300 指数的概率在断点处的跳跃。

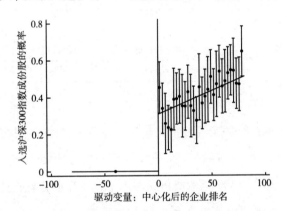

图 5.1　企业排名与入选沪深 300 指数成份股的概率

表 5.3　入选沪深 300 股指成份股对短期金融资产配置影响的估计结果

项目	CCT		IK	
	三角核	矩形核	三角核	矩形核
	(1)	(2)	(3)	(4)
Panel A：一阶段估计				
基准线性回归	0.308 *** (0.023)	0.297 *** (0.029)	0.317 *** (0.025)	0.302 *** (0.031)
不设置交叉项	0.305 *** (0.023)	0.294 *** (0.029)	0.314 *** (0.025)	0.298 *** (0.031)

续表

项目	CCT		IK	
	三角核	矩形核	三角核	矩形核
	（1）	（2）	（3）	（4）
Panel A：一阶段估计				
不设置交叉项，添加二次项	0.265 *** (0.017)	0.264 *** (0.023)	0.259 *** (0.017)	0.266 (0.023)
Panel B：处理效应估计				
基准线性回归	1.555 *** (0.516)	1.516 ** (0.678)	1.731 *** (0.549)	1.793 ** (0.709)
样本量	2696	2217	2288	1947
不设置交叉项	1.604 *** (0.534)	1.516 ** (0.714)	1.798 *** (0.560)	1.848 ** (0.738)
样本量	2696	2217	2288	1947
不设置交叉项，添加二次项	1.172 ** (0.473)	1.071 * (0.630)	1.120 ** (0.471)	1.043 * (0.624)
样本量	4712	3601	4976	3632

注：括号中数字为标准误，***、**、* 分别表示在 1%、5%、10% 的统计水平上显著。以上回归中均添加了定期调整的固定效果。

图 5.2 展示了企业排名与企业短期金融资产配置之间的关系。从图 5.2 中可以看出，断点右侧企业短期金融资产的占比高于断点左侧。从图形上来看，入选沪深 300 指数成份股增加了企业短期金融资产配置。虽然从图形上可以反映出一定的关系，但是仍需要通过回归的方法去进一步验证断点左右两侧的差异是否显著。

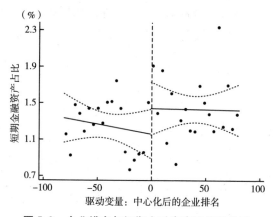

图 5.2 企业排名与短期金融资产配置的关系

在评估入选沪深 300 指数成份股对企业短期金融资产配置的影响时，基准回归是基于 CCT 经验法则选取最优带宽，并采用三角核函数进行加权。表 5.3 报告了入选沪深 300 股指成份股对企业短期金融资产配置的影响。从统计意义上来看，就短期金融资产而言（列（1）），断点估计的回归系数为 1.555，在 1% 的统计水平上显著。这表明相对于未入选沪深 300 指数成份股的企业，入选沪深 300 指数成份股使得企业短期金融资产配置比例增加了 1.555 个百分点。实证结果也验证了本书的理论假设，由于入选成份股的压力效应，管理者倾向于通过投资短期金融资产的方式获利以实现短期业绩的提升来维持成份股地位。关于入选沪深 300 指数成份股对短期金融资产配置影响的详细的一阶段与二阶段基准回归结果报告在附录 2 中。

5.3.2　稳健性测试

为了保证基准回归的可靠性，本书从不同的角度进行了稳健性检验。

（1）使用矩形核函数。基准回归中，本书采用了三角核函数进行加权。为了进一步论述基准结果的稳健性，本书也尝试了使用矩形核密度函数作为权重函数，相应的结果报告在表 5.3 的列（2）中。研究结果表明，使用矩形核密度函数加权时，得到的回归结果与基准结果保持一致。

（2）使用 IK 带宽。本书的基准回归中，采用了 CCT 的经验法则选取最优带宽。在此，本书也报告了基于 IK 法则选取最优带宽的结果。相应的结果报告在表 5.3 的列（3）~列（4）。估计结果表明，基于 IK 最优带宽估计结果与基准结果保持一致。

（3）不设置交叉项。本书在基准模型中删除了处理变量与驱动变量的交叉项。结果发现，删除交叉项后，与基准结果相比，实际结果并未发生变化（见表 5.3），因为基准结果采用的是 CCT 带宽以及使用三角核函数加权。本书在检验设置交叉项函数形式的稳健性时，也报告了采用不同的带宽选择方式和不同的核函数加权的结果。以上结果均证明了基准结果的可靠性。

（4）删除交叉项，设置二次多项式拟合函数。本书在稳健性测试
（3）的基础上，增加了排名变量的二次项，保证结果的稳健性。表5.3
中的结果表明，采用不同的带宽选择方式和不同的核函数加权时，增加
排名变量的二次项后的回归结果与基准结果相比，没有明显差异。

（5）带宽敏感性。考虑到断点回归参数对带宽的设置非常敏感，从
而使得估计结果缺乏稳健性。本书在基准回归中最优带宽 h 的选择基础
上，分别设置最优带宽的0.5倍、0.75倍、1.2倍以及1.5倍以考察基准
回归的稳健性。基于基准回归中采用的最优带宽，表5.4 的 Panel A 报告
了不同最优带宽倍数下，断点回归的估计系数和对应的标准误。与基准
回归相比，使用最优带宽的不同倍数带宽得到的估计系数大小有轻微的
差异，例如，使用小带宽下得到的估计系数略大，使用大带宽得到的估
计系数略小，但是无论是使用小带宽还是大带宽，估计结果均显著为正。
以上结果也表明，本书断点回归的估计参数对带宽的选择不敏感。

表5.4 稳健性检验

项目	回归系数	标准误差	样本量
	(1)	(2)	(3)
Panel A：使用不同带宽			
0.5h	1.784***	0.656	1356
0.75h	1.861***	0.574	2012
1.2h	1.296***	0.478	3229
1.5h	1.102**	0.432	4073
Panel B：改变结果变量的衡量方式			
	1.696***	0.507	2674
Panel C：使用 t+2 期的结果变量			
	1.365**	0.641	2897
Panel D：使用年度数据			
	1.607**	0.780	1462

注：***、**分别表示在1%、5%的水平上显著。表中结果均是使用三角核函数加权得到
的。以上回归中均添加了定期调整的固定效果。

（6）改变结果变量衡量方式。考虑到有学者并未将发放贷款及垫款科目计入金融资产（孟庆斌和侯粲然，2020），因此在衡量短期资产范围时，本书也剔除了该科目。使用交易性金融资产和可供出售金融资产占总资产的比重来衡量短期金融资产配置比例。回归结果报告在表 5.4 的 Panel B 中，改变计量方式后，结果并未发生明显的变化。

（7）使用 t + 2 期的结果变量。基准回归中，第 t 期成份股的入选对应的是第 t + 1 期的结果变量，例如，2012 年 6 月成份股的入选对应的结果变量为 2012 年末企业短期金融资产配置情况。在稳健性测试部分，本书将第 t 期企业是否入选成份股变量对应第 t + 2 期的结果变量，来考察入选沪深 300 指数成份股的影响，相应的结果报告在表 5.4 的 Panel C 中。实证结果表明，入选沪深 300 指数成份股也会对第 t + 2 期的短期金融资产配置产生正向影响。

（8）使用年度数据。基准回归中，本书使用了中报数据与年报数据来测量入选沪深 300 指数的影响。在本章，本书在此使用年度数据验证入选沪深 300 指数的影响，相应的实证结果报告在表 5.4 的 Panel D 中。研究结果表明，使用 2009 ~ 2018 年的年度观测值得到的结果与基准结果保持一致。

5.4 股指成份股调整影响长期金融资产配置的实证检验

在验证了入选沪深 300 指数成份股对企业短期金融资产配置的影响后，本书进一步检验了入选沪深 300 指数成份股对企业长期金融资产配置的影响。同样地，关于断点设计有效性的论证，本节不再赘述。

5.4.1 实证结果分析

本书绘制了驱动变量与企业长期金融资产配置之间的关系图。从图

5.3 中可以看出，企业长期金融资产占比在断点右侧有明显的向上跳跃。虽然从全样本的描述性统计分析发现，入选沪深300指数成份股的企业长期金融资产的配置比例显著低于未入选的企业，但是由于这两类企业发展状况等差异较大，用全样本的均值差异描述反映入选沪深300指数成份股的影响，存在较大的偏误。本书也报告了断点附近（最优带宽内）两类企业长期金融资产配置的差异，结果发现，入选沪深300指数成份股的企业，其长期金融资产的配置比例显著高于未入选的企业[①]。另外，从图5.3可以看出，入选沪深300指数成份股提高了企业长期金融资产配置，但是仍然需要进一步通过断点回归的估计方法去验证。

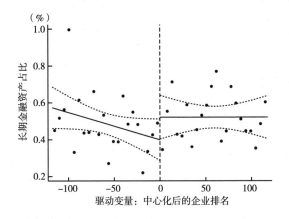

图5.3　企业排名与长期金融资产配置的关系

同样地，在评估入选沪深300指数成份股对企业长期金融资产配置的影响时，基准回归采用 CCT 带宽，并使用三角核函数进行加权。基准结果报告在表5.5的列（1）对应的基准线性回归板块。从基准结果来看，入选沪深300指数成份股对长期金融资产配置的影响为正，系数为0.457，在5%的显著水平上为正。以上结果说明，相对于未入选沪深300指数成份股的企业，入选沪深300指数成份股使得企业金融资产配置比例

---

① 最优带宽内，对比入选沪深300指数成份股的企业与未入选的企业长期金融资产配置的差别，发现入选企业长期金融资产配置比例显著高于未入选的企业。均值差异为0.153，对应的标准误为0.047，在1%的统计水平上显著。

增加了 0.457 个百分点。以上实证结果也验证了本书的理论假设，由于入选成份股的压力效应导致管理层的机会主义动机加强，提高了管理层对长期金融资产投资的积极性。关于入选沪深 300 指数成份股对长期金融资产配置影响的详细的一阶段与二阶段基准回归结果报告在附录 3 中。

表 5.5　入选沪深 300 指数成份股对长期金融资产配置影响的估计结果

项目	CCT		IK	
	三角核	矩形核	三角核	矩形核
	（1）	（2）	（3）	（4）
Panel A：一阶段估计				
基准线性回归	0.285 *** (0.019)	0.297 *** (0.029)	0.276 *** (0.018)	0.295 *** (0.029)
不设置交叉项	0.280 *** (0.019)	0.294 *** (0.029)	0.271 *** (0.018)	0.290 *** (0.029)
不设置交叉项，添加二次项	0.276 *** (0.018)	0.263 *** (0.023)	0.270 *** (0.018)	0.281 *** (0.024)
Panel B：处理效应估计				
基准线性回归	0.457 ** (0.232)	0.225 (0.359)	0.479 ** (0.222)	0.244 (0.353)
样本量	3943	2217	4348	2288
不设置交叉项	0.438 * (0.256)	0.157 (0.378)	0.469 * (0.254)	0.192 (0.374)
样本量	3943	2217	4348	2288
不设置交叉项，添加二次项	0.461 * (0.251)	0.661 ** (0.330)	0.481 * (0.251)	0.501 (0.326)
样本量	4244	3700	4522	3331

注：括号中数字为标准误；*** 、** 、* 分别表示在 1%、5%、10% 的统计水平上显著。以上回归中均添加了定期调整的固定效应。

5.4.2　稳健性测试

（1）使用矩形核函数。基准回归中，本书采用了三角核函数进行加权。为了进一步论述基准结果的稳健性，本书也尝试了使用矩形核密度函数作为权重函数，采用 CCT 带宽和 IK 带宽法则下对应的结果分别报告在表 5.5 的列（2）与列（4）中。采用矩形核函数加权，发现回归结果并不显著，但是回归系数均为正。事实上，由于三角核对距离断点越近的观察值赋予更高的权重，其结果更能反映局域的平均处理结果。

（2）使用 IK 带宽。本书的基准回归中，采用了 CCT 的经验法则选取最优带宽。在此，本书也报告了基于 IK 法则选取最优带宽的结果。相应的结果报告在表 5.5 列（3）中。估计结果表明，基于 IK 最优带宽估计结果与基准结果保持一致。

（3）不设置交叉项。本书在基准模型中删除了处理变量与驱动变量的交叉项。结果发现，删除交叉项后，与基准结果相比，实际结果并未发生变化（见表 5.5 列（1）），因为基准结果采用的是 CCT 带宽以及使用三角核函数加权。本书在检验设置交叉项函数形式的稳健性时，也报告了采用 IK 带宽及三角核函数加权（见表 5.5 列（3）），以上结果均证明了基准结果的可靠性。

（4）删除交叉项，设置二次多项式拟合函数。本书在稳健性测试（3）的基础上，增加了排名变量的二次项，保证结果的稳健性。表 5.3 中的结果表明，采用不同的带宽选择方式时，增加排名变量的二次项后的回归结果与基准结果相比，没有明显差异。

（5）带宽的敏感性。本书也报告了不同带宽下，入选股指成份股对企业长期金融资产的影响（见表 5.6 的 Panel A）。基于基准回归中最优带宽 h，本书在此选择了 0.5h、0.75h、1.2h 以及 1.5h，分别来检验断点回归结果的稳健性。表 5.6 报告了相应的回归结果。本书发现，与基准结果相比，选择小带宽时，如 0.5 倍、0.75 倍最优带宽时，断点回归的估计结果不显著，但是估计系数依然为正。选择大带宽时，如考虑使用 1.2 倍、1.5 倍最优带宽时，断点回归的估计结果在 5% 的统计水平上显著为正。从不同带宽下的估计结果来看，尽管断点回归的估计结果对小带宽的选择比较敏感，但是回归系数依然为正，总体上说明了入选股指成份股对长期金融资产配置的正向影响。

表5.6 稳健性测试

项目	回归系数	标准误差	样本量
	（1）	（2）	（3）
Panel A：不同带宽下的估计结果			
0.5h	0.393	0.306	1947
0.75h	0.331	0.262	2963
1.2h	0.515 **	0.214	4746
1.5h	0.695 ***	0.196	5912
Panel B：改变结果变量衡量方式			
	2.892 *	1.709	3775
Panel C：使用未来期的结果变量			
	0.468 *	0.282	4536
Panel D：使用年度数据			
	0.682 **	0.306	1993

注：***、**、* 分别表示在1%、5%、10%的水平上显著。表中结果均是使用三角核函数加权得到的。以上回归均添加了定期调整的固定效果。

（6）改变结果变量的衡量方式。参考彭俞超等（2018）的做法，本书进一步将长期股权投资纳入长期金融资产，重新计算长期金融资产配置比例，进行稳健性测试。相应的结果报告在表5.6的Panel B中，发现结果仍然是稳健的。

（7）使用t+2期的结果变量。基准回归中，第t期成份股的入选对应的是第t+1期的结果变量，例如，2012年6月成份股的入选对应的结果变量为2012年末企业金融资产配置情况。在稳健性测试部分，本书将第t期企业是否入选成份股变量对应第t+2期的结果变量，来考察入选沪深300指数成份股的影响，相应的结果报告在表5.6的Panel C中。实证结果表明，入选沪深300指数成份股也会对第t+2的长期金融资产配置产生正向的影响。

（8）使用年度数据，本书也报告了使用年度数据测量入选沪深300

指数成份股对企业长期金融资产配置的影响。相应的实证结果报告在表
5.6 的 Panel D 中。研究结果表明，使用 2009～2018 年的年度观测值得到
的结果与基准结果保持一致。

5.5　异 质 性 因 果 效 果 分 析

在第 5.3 和第 5.4 节，本书得到了入选沪深 300 指数成份股不仅会增
加短期金融资产的配置，也会增加长期金融资产配置的结论。不同类型
的金融资产在企业生产投资活动中扮演者不同的角色和作用，企业配置
不同类型金融资产的目的也存在差异。在本节将进一步分析入选沪深 300
指数成份股对于企业短期金融资产配置和长期金融资产配置的异质性因
果效果，并分析因果效果差异变化的原因。

5.5.1　代 理 成 本 的 角 度

由于代理冲突的存在，管理层面临着提高企业业绩和自身升值加薪
的压力，管理层有很强的动机通过配置金融资产实现企业短期业绩的提
高。代理冲突越严重的企业，管理配置金融资产实现短期盈利的倾向越
高。对于短期金融资产而言，其占主营业务资金时间短，可以起到盘活
资金、预防储蓄的作用，也可以用于获得短期内超额收益。由于入选沪
深 300 指数成份股给企业管理层短期带来了业绩压力，对于代理冲突越强
的企业，管理层将有更强的动机利用短期金融资产配置去实现操控短期
利润的目的。而对于长期金融资产而言，虽然其收益实现期相对较长，
但是通过配置长期金融资产获得的超额利润率更高。即使配置长期金融
资产的风险较高，但是投资失败造成的损失也更多的是归咎于其他宏观
因素，企业管理层并不会被"严惩"，投资的收益反而会使得管理层受到

"奖励"。对于代理成本高的企业，管理层道德风险更高，谋取私利的倾向更强，因此，企业更加可能将入选沪深300指数成份股带来的优势资源用于长期金融资产投资以实现获利的目的。

基于此，本书借鉴现有文献，采用管理费用率衡量企业代理成本，来考察代理成本对于入选沪深300指数成份股与短期金融资产和长期金融资产配置之间关系的影响。为了验证这一影响，本书在基准模型中引入入选沪深300指数成份股与代理成本的交叉项（$CSI300 \times Agency$）。表5.7的列（1）与列（3）分别报告了代理成本变量在断点处的跳跃情况。结果显示，代理成本变量在断点处并没有发生明显的跳跃。表5.7中列（2）的回归结果表明，企业的代理成本越高，入选沪深300指数成份股对企业短期金融资产配置的促进作用越强。表5.7列（4）的结果表明，企业的代理成本越高，入选沪深300指数成份股对企业长期金融资产配置的正向影响越强[1]。从上述研究结论来看，在压力效应下，入选沪深300指数成份股推动的企业金融资产配置主要是为了追逐利润。

表 5.7   **代理成本导致的异质性因果效果**

变量	（1）	（2）	（3）	（4）
	Agency	Y^s	*Agency*	Y^L
$CSI300$	-0.672 (1.798)	0.590 (0.567)	0.778 (1.472)	-0.496 ** (0.238)
$CSI300 \times Agency$	—	0.101 ** (0.043)	—	0.071 *** (0.015)
Agency		0.009 (0.007)		0.014 *** (0.003)

---

[1] 在进行异质性因果效果探讨时，本书在基准模型中使用了 CCT 经验法则选取最优带宽。为了检验回归结果的稳健性，本书也考虑使用 IK 经验法则进行最优带宽的选取。具体而言，考察对短期金融资产配置的影响时，$CSI300 \times Agency$ 的系数为 0.114，对应的标准误差为 0.048，在 5% 的统计水平上显著；考察对长期金融资产配置的影响时，$CSI300 \times Agency$ 的系数为 0.064，对应的标准误差为 0.014，在 1% 的统计水平上显著，与基准结果保持一致。在后文的其他小节，本书同样也使用 IK 法则选取最优带宽进行稳健性测试，回归结果均与基准结果保持一致，证明了基准结果的可靠性。

续表

变量	(1)	(2)	(3)	(4)
	Agency	Y^s	*Agency*	Y^L
定期调整的固定效果	是	是	是	是
观测值	2681	2681	3920	3920

注：括号内数字为标准误；***、** 分别表示在1%、5%的水平上显著。列（1）报告了代理成本变量在断点处是否连续性的测试结果，主要做法是使用代理成本变量替换方程（5.1）中的结果变量，其带宽选择与评估代理成本导致的入选成份股对短期金融资产配置的异质性效果（列（2））所使用的带宽一致。同样地，列（3）回归结果所使用的带宽与列（4）回归结果所使用的带宽保持一致。其他报告异质性效果的表格中，测试导致异质性效果的变量在断点处的连续性时，带宽选择的原则与本表一致，不再详细说明。

5.5.2 内部信息透明度的角度

企业内部信息透明度越高，越能向市场参与者反映上市公司的相关信息（潘越等，2011）。一方面，信息透明度越高的企业，外部投资者可以获得更多有效的信息以对企业内部经营情况作出评判，这会降低上市公司获取外部融资时的交易成本，也会降低企业的融资约束。融资约束的降低能够弱化企业的预防储蓄动机。另一方面，企业内部信息透明度的提升能够抑制管理层的利己主义（张程睿和王华，2006），客观上更易发挥治理监督功能，从而对企业规范化经营起到约束作用。短期金融资产不仅具有投机性质，对企业也有预防储蓄的作用。因此，企业内部信息透明度的提高可能会降低入选沪深300指数成份股的压力效应导致的机会主义行为，从而降低入选沪深300指数成份股对企业短期金融资产配置的促进作用。因为长期金融资产配置的目的主要是基于市场套利的动机，会损害主营业务的发展。信息透明度的提高增加了外部投资者发现管理层短视行为的概率，从而加强了对管理层行为的监督。因此，企业内部信息透明度的提升也可能会抑制入选沪深300指数成份股对企业长期金融资产配置的影响。

鉴于此，本书利用企业年报的审计师是否来自"四大"衡量企业内部信息透明度，在基准模型中引入入选沪深300指数成份股与审计师是否来自"四大"的交叉项（$CSI300 \times Big4$）进行验证。本书分别检验了在入选沪深300指数成份股对短期和长期金融资产配置影响的带宽下，信息透明度变量在断点处的跳跃情况，相应的结果报告在表5.8的列（1）与列（3）中。结果显示，信息透明度变量在断点处并没有发生明显的跳跃。表5.8中列（2）的回归结果表明，企业内部信息透明度的提高负向调节了入选成份股对企业短期金融资产配置的促进作用。内部信息透明度越高实际上意味着企业的内部治理情况越好，从而降低了入选沪深300指数成份股对短期金融资产配置的正向作用。然而，表5.8列（4）的结果表明，$Big4$ 与 $CSI300$ 变量交叉项的系数不显著，内部信息透明度的提高对于入选沪深300指数成份股与长期金融资产配置之间的关系没有显著的影响。

表 5. 8　　　　　　　　**内部信息透明度导致的异质性因果效果**

变量	（1）	（2）	（3）	（4）
	$Big4$	Y^s	$Big4$	Y^L
$CSI300$	-0.088 (0.059)	1.356^{***} (0.488)	-0.077 (0.054)	0.263 (0.221)
$CSI300 \times Big4$	—	-1.531^{*} (0.818)	—	-0.398 (0.306)
$Big4$	—	0.110 (0.245)	—	-0.023 (0.113)
定期调整的固定效果	是	是	是	是
观测值	2608	2608	3803	3803

注：括号内数字为标准误；***、*分别表示在1%、10%的水平上显著。

5.5.3　股权集中度的角度

股权集中度的差异也会引起入选沪深300指数成份股对短期金融资产和长期金融资产配置的影响效果差异。大股东作为企业的所有者之一，长期投资收益的高低与企业的成长价值密切相关，因此，股权集中的企业会促使股东密切关注企业经营状况与长远发展（顾雷雷等，2020），对管理层展开有效的监督，降低管理层自利行为发生的概率。长期金融资产缺乏足够的流动性，并且其持有期限较长，因此对长期金融资产的投资会挤占用于主业发展的投资。但是由于长期金融资产具有高收益的特点，管理层基于自身私利倾向于进行长期金融资产投资。股权集中度的提高能够有效提高企业内部控制质量，从而抑制管理层配置长期金融资产的机会主义行为。另外，投资长期金融资产最明显的特征就是风险高、不确定性强。股权集中度越高，意味着大股东承担的风险较高，出于风险规避的心理，大股东也会密切关注管理层行为，促使其降低对长期金融资产的投资。由此可见，大股东效应形成的监督机制很可能会降低入选股指成份股对企业长期金融资产配置的正向作用。但是由于短期内大股东不能自由转让股权以获取收益，因此对入选股指成份股与企业短期金融资产之间的关系可能没有显著的影响。

为了验证大股东持股对"入选沪深300指数成份股与不同类型的金融资产配置"的影响，本书在基础模型中引入入选沪深300指数成份股与第一大股东持股比例的交叉项（$CSI300 \times Shrcr$），相应的结果报告在表5.9中。列（1）与列（3）报告了入选沪深300指数成份股对大股东持股比例的影响，结果并未发现显著的效应。这表明大股东持股在断点处没有显著的跳跃。表5.9列（4）的回归结果显示，入选沪深300指数成份股与股权集中度的交互项的系数在1%的统计水平上显著为负，这表明大股东持股负向调节着入选沪深300指数成份股对长期金融资产持有的促进作用。列（2）的结果表明，大股东持股对入选沪深300指数成份股与短期金融资产持有的关系没有显著的影响。从以上结论中可以说明，随着企业股权集中度的提高，大股东的监督效应有助于缓解入选沪深300指数成份股的压力效应所导致的基于逐利动机对长期金融资产的配置。

表 5. 9　　　　　　　　　　股权集中度的异质性因果效果

变量	（1）	（2）	（3）	（4）
	Shrcr	Y^s	*Shrcr*	Y^L
*CSI*300	−4. 026 （3. 463）	1. 826 *** （0. 653）	−3. 639 （2. 931）	0. 956 *** （0. 269）
*CSI*300 × *Shrcr*	—	−0. 019 （0. 017）	—	−0. 017 *** （0. 006）
Shrcr	—	−0. 006 （0. 004）	—	0. 005 *** （0. 002）
定期调整的固定效果	是	是	是	是
观测值	2696	2696	3943	3943

注：括号内数字为标准误；*** 表示在 1% 的水平上显著。

5.5.4　银企关系建立的角度

本书从银企关系建立的角度探讨了入选沪深 300 指数成份股对企业短期金融资产和长期金融资产配置的异质性因果效果。银企关系的建立意味着银行与企业之间有某种关联关系。银企关系的建立相当于是架在企业与银行之间沟通的桥梁，这有助于降低借贷双方获取信息的难度，从而降低交易成本，促进借贷契约的达成，这放松了企业外部融资环境，为企业融资提供了便利，缓解了企业的融资约束。

对于短期金融资产而言，其属于流动资产，具有持有期限较短、流动性较高、转换成本较低的特点（黄贤环等，2018），由于其占用主业资金时间较短，可以起到盘活资金，预防实体投资项目出现资金短缺的状况（许罡和朱卫东，2017）。而对于长期金融资产而言，其缺乏足够的流动性，持有期限较长，变现能力较弱，转换成本高，但具有较高的回报率。企业对于长期金融资产的投资是以减少实体经济投资为代价的（胡奕明等，2017），更多的表现为市场套利行为（王红建等，2017）。

对于已经建立银企关系的企业而言，其面临的外部融资环境较为宽松，企业无须增持较多的短期金融资产应对未来可能出现的资金问题。对于未建立银企关系的企业，由于其外部融资约束较重，企业需要储备短期金融资产来应对未来生产经营中可能出现的资金问题。因此，如果企业配置金融资产的目的是基于预防储蓄性动机，那么对于未建立银企关系的企业而言，入选成份股带来的外部资源优势会促使企业增持更多的短期金融资产，而并不会增加对长期金融资产的配置。相反，如果企业配置金融资产的目的是追逐利润，对于建立银企关系的企业来说，由于长期金融资产高回报率的特点，外部宽松的融资环境会进一步促使入选成份股的企业将更多的资源倾注于长期金融资产的配置。

参考翟胜宝等（2014）的研究，如果企业有以下情况之一：高管具有银行工作背景；企业持有银行股份；银行持有企业股份，则设定银企关系变量（BC）取值为1。同样地，本书基于断点回归异质性因果效果模型设定，引入银企关系与入选沪深300指数成份股的交叉项（$CSI300 \times BC$），来检验银企关系建立对入选沪深300指数成份股与企业长短期金融资产配置之间关系的作用。

在报告异质性回归结果之前，仍需检验银企关系变量在断点处的跳跃情况。本书用银企关系变量替换基准回归中的结果变量，没有发现入选沪深300指数成份股变量前的系数具有显著的影响（见表5.10的列（1）和列（3））。因此，探讨银企关系对入选成份股与长短期金融资产的关系的影响时，银企关系变量在断点处均是连续的。

表5.10　　　　　　　银企关系建立导致的异质性因果效果

变量	(1)	(2)	(3)	(4)
	BC	Y^s	BC	Y^L
$CSI300$	0.100 (0.106)	1.221 ** (0.534)	0.027 (0.089)	0.157 (0.237)
$CSI300 \times BC$	—	0.638 (0.476)	—	0.328 * (0.180)

续表

变量	(1)	(2)	(3)	(4)
	BC	Y^s	*BC*	Y^L
BC	—	0.027 (0.131)	—	0.080 (0.057)
定期调整的固定效果	是	是	是	是
观测值	2665	2665	3943	3943

注：括号内数字为标准误；**、*分别表示在5%、10%的水平上显著。

表5.10中列（2）的回归结果显示，入选沪深300指数成份股与银企关系建立的交互项的系数不显著，银企关系变量并没有对入选沪深300指数成份股与企业短期金融资产配置之间的关系产生影响。列（4）的回归结果显示，入选沪深300指数成份股与银企关系建立的交互项的系数显著为正，这表明入选沪深300指数成份股对长期金融资产配置的促进作用在建立了银企关系的企业中更为明显。说明企业面临的融资约束程度越低，入选沪深300指数成份股使得企业增持的长期金融资产比例越高。因此，从银企关系异质性的角度，本书检验结果显示企业配置金融资产的动机是为了追逐利润。

5.5.5 企业市场势力的角度

企业的市场势力强弱也会使入选沪深300指数成份股对于不用类型的金融资产配置表现出异质性影响。对于拥有较强市场势力的企业而言，因其良好的经营状况以及较强的盈利能力，企业内部现金流相对充足，企业对于外部环境的不利影响也有较强的适应能力（沈纪初，2021）。市场势力越强的企业，其主营业务盈利能力也越强，给企业带来的收益率也更可观，这可能会弱化入选沪深300指数成份股的短期业绩压力效应。对于市场势力较弱的企业而言，其面临的市场竞争更加激烈，一方面，激烈的竞争可能导致企业的主营业务收益不佳，促使企业转向金融投资以提高企业利润。另一方面，对于市场势力较弱的企业，因为其面临的资源有限，有更强的动机通过投资短期金融资产获取短期收益以维持成份股地位，以方便企业后续获取更多的资源。因此，市场势力的提高会降低入选沪深 300 指数成份股对短期金融资产配置的促进作用。对于长期金融资产而言，其收益率更高，但可能会对主营业务的未来发展产生挤出效应。对于市场势力高的企业而言，其主营业务收益也较为可观，其通过配置长期金融资产追逐利润的动机可能不强。因此，企业市场势力的提高可能不会对入选沪深 300 指数成份股与长期金融资产配置之间的关系产生影响。

关于企业市场势力的衡量，本书参考德·卢克尔和瓦尔津斯基（De Loecker and Warzynski，2012）的方法进行测算（详见本书第 3.2.6 节）。为了验证企业市场势力带来的异质性影响，本书在基础模型中引入入选沪深 300 指数成份股与企业市场势力的交叉项（$CSI300 \times Markup$），相应的结果报告在表 5.11 中。列（1）与列（3）报告了入选沪深 300 指数成份股对企业市场势力的影响，结果并未发现显著的效应。表明企业市场势力在断点处没有显著的跳跃。表 5.11 列（2）的回归结果显示，入选沪深 300 指数成份股与企业市场势力交互项的系数在 1% 的统计水平上显著为负，这表明企业市场势力的提高负向调节着入选沪深 300 指数成份股对短期金融资产的促进作用。列（4）的结果表明，市场势力的提高对入选沪深 300 指数成份股与长期金融资产持有的关系没有显著的影响。以上的结论也可从侧面证明，在入选沪深 300 指数成份股的压力效应下，企业配置金融资产是基于逐利动机。

表 5.11　　　　　　　　市场势力强弱的异质性因果效果

变量	(1)	(2)	(3)	(4)
	Markup	Y^s	*Markup*	Y^L
*CSI*300	408.229 (656.817)	1.586 *** (0.521)	−194.544 (623.008)	0.070 (0.224)

续表

变量	(1) Markup	(2) Y^s	(3) Markup	(4) Y^L
CSI300 × Markup	—	$-5.42\mathrm{e}-04^{***}$ $(1.56\mathrm{e}-04)$	—	$-4.61\mathrm{e}-05$ $(7.17\mathrm{e}-05)$
Markup	—	$2.19\mathrm{e}-05$ $(1.82\mathrm{e}-05)$	—	$1.93\mathrm{e}-05^{***}$ $(6.72\mathrm{e}-06)$
定期调整的固定效果	是	是	是	是
观测值	2232	2232	3291	3291

注：括号内数字为标准误；*** 表示在 1% 的水平上显著。

5.5.6　企业生命周期的角度

对于成长期的企业而言，由于其需要大量的资金进行技术升级与产品的创新以迅速获得市场份额，因此，入选沪深 300 指数所带来的一系列好处并不会用于企业的金融资产投资，由此可见，入选沪深 300 指数成份股并不会增加企业短期金融资产和长期金融资产的配置。对于成熟阶段的企业而言，企业自身经营已经稳定，能够产生大量的自由现金流，并且外部融资条件更加优越。另外，对于成熟期的企业而言，其已经与银行等金融机构建立稳定的联系，面临的外部融资条件也会更加优越。除此之外，成熟期的企业也有更高的可能性获得政府的税收减免，获得一系列补贴，这也会进一步减轻企业的资金压力（肖忠意和林琳，2019）。因此，对于成熟期的企业而言，其配置短期金融资产进行预防储蓄的动机减弱。成熟期企业配置短期金融资产的目的更多的是获利。成熟的企业前期资本的积累已经完成，会降低对未来大型固定资产投入的需求，同时企业的成长性也会随之下降，由于成份股调整的压力效应，入选沪深 300 指数成份股很可能会导致企业择优增加对短期金融资产的配置以实现短期绩效的迅速提升。对于处于衰退期的企业而言，银行等金融机构也会缩小对其的授信规模，企业面临的融资约束问题较大（肖忠意和林琳，2019）。因此，企业很可能会增大以预防储蓄为目的的短期金融资产配置以降低企业可能面临的风险，也可能会出于追逐利润的目的配置短期金融资产以维持成份股的入选。另外，由于衰退期的企业，代理问题也会继续延续，管理层为了利用企业存续的最后阶段很可能配置收益较高的长期金融资产来赚取最后的利润。因此，对于衰退期的企业而言，入选沪深300指数成份股会促进企业短期金融资产配置和长期金融资产配置两类金融资产的增加。

关于企业生命周期的划分，参考迪金森（Dickinson，2011）的做法，本书根据企业经营现金流净额、筹资现金流净额以及投资现金流净额这三项指标的符号来归纳单个企业所处的生命周期阶段。例如，企业经营现金流净额符号为正，筹资现金流净额和投资现金流净额的符号均为负时，则认为企业处于成熟期（详见本书第3.2.7节）。表5.12的结果表明，对于成长期的企业而言，入选沪深300指数成份股对于短期金融资产配置和长期金融资产配置均没有显著的影响。对于成熟期的企业而言，入选沪深300指数成份股促进了企业短期金融资产配置，但对企业长期金融资产配置没有显著的影响。对于衰退阶段的企业而言，入选沪深300指数成份股不仅显著增加了企业短期金融资产配置，也显著增加了长期金融资产配置。从以上结论来看，入选沪深300指数成份股的压力效应推动的金融资产配置是出于逐利动机。

表5.12   **企业生命周期的异质性因果效果**

变量	(1)	(2)	(3)	(4)	(5)	(6)
	成长阶段		成熟阶段		衰退阶段	
	Y^s	Y^L	Y^s	Y^L	Y^s	Y^L
*CSI*300	-0.013 (0.631)	0.280 (0.335)	2.530 *** (0.859)	0.099 (0.353)	3.750 *** (1.296)	1.601 ** (0.649)
定期调整的固定效果	是	是	是	是	是	是
观测值	1581	1635	612	1104	631	746

注：括号内数字为标准误；*** 、** 分别表示在1%、5%的水平上显著。

5.6　本章小结

本书利用沪深交易所 2009～2018 年上市的实体企业的财务数据及其他相关数据，基于沪深 300 指数选样规则与调整规则，构建断点设计模型，探讨了入选沪深 300 指数成份股对于企业短期以及长期金融资产配置的因果效果。在考察入选沪深 300 指数成份股对不同类型的金融资产配置的影响时，本书发现，入选沪深 300 指数成份股增加了企业对短期金融资产的持有比例，一系列的稳健性检验也证明了回归结果的可靠性。在考察入选沪深 300 指数成份股对企业长期金融资产的影响时，证明了入选沪深 300 指数成份股也增加了企业长期金融资产的配置比例①。

进一步地，本书还从代理成本、内部信息透明度、银企关系建立、股权集中度、市场势力、企业生命周期 6 个角度分析了入选沪深 300 指数成份股的异质性影响。从代理成本的角度来看，代理成本的提高不仅增强了入选沪深 300 指数成份股对短期金融资产配置的正向作用，也促进了入选沪深 300 指数成份股对长期金融资产配置的正向作用。从企业内部信息透明度的角度来看，内部信息透明度的提高会改善企业内部治理环境，从而降低入选沪深 300 指数成份股对短期金融资产配置的促进作用。从股权集中度的角度来看，大股东持股有效地抑制了入选沪深 300 指数对收益率较高的长期金融资产的持有。从企业银企关系建立的角度而言，建立银企关系正向促进了入选沪深 300 指数成份股对企业长期金融资产配置的影响，但是建立银企关系对入选沪深 300 指数成份股与短期金融资产配置

---

①　本书也分别考察了入选沪深 300 指数成份股对交易性金融资产占比、可供出售金融资产占比、发放贷款及垫款占比、衍生金融资产占比、持有至到期投资占比、投资性房地产占比的影响。相应的结果报告在附录 4 中。结果表明，短期金融资产中，入选成份股提高了可供出售金融资产占比；长期金融资产中，入选成份股提高了投资性房地产占比。

之间的关系没有显著的影响。从企业市场势力的角度来看，由于市场势力强的企业主营业务收益较为稳定，因此，市场势力的提高会抑制入选沪深300指数成份股对短期金融资产配置的促进作用，但不会对入选沪深300指数成份股与长期金融资产配置之间的关系产生影响。从企业生命周期的角度来看，成熟期的企业入选沪深300指数成份股对短期金融资产配置的促进作用更明显。基于上述结论，本书可进一步确认入选沪深300指数成份股的压力效应使得逐利动机在企业配置金融资产时占主导地位。

第6章　股指成份股调整影响企业
金融资产配置的机制

在验证了入选沪深 300 指数成份股对企业金融资产配置存在正向的因果效果后，本章重点讨论入选沪深 300 指数成份股影响企业金融资产配置的路径机制，从而为更好地理解成份股调整影响企业资产配置提供启示。具体而言，首先，本章从理论角度分析了入选沪深 300 指数成份股影响金融资产配置的渠道。其次，从实证角度分析了入选沪深 300 指数成份股对分析师关注度以及机构投资者的影响，证明了入选沪深 300 指数成份股并没有加强对企业的监督，入选沪深 300 指数成份股主要是通过压力效应对企业金融投资配置行为产生影响。最后，本章主要从融资约束、股价同步性、社会责任信息披露等角度探究了入选股指成份股对金融资产配置的影响。

6.1　理论分析与研究假设

在第 4 章推导入选沪深 300 指数成份股影响企业金融资产配置的假设时认为，入选沪深 300 指数成份股可能通过影响分析师关注度和机构投资者持股从而加强对企业的监督，降低企业代理问题。另外，第 4 章与第 5 章的研究结论发现，企业配置金融资产的主要目的是追逐利润。因此，如果入选沪深300指数成份股能够发挥监督效应，则会抑制企业金融资产配置。但是，入选沪深300指数成份股也可能导致压力效应，进一步触发代理冲突，促进企业配置金融资产以实现企业短期业绩的提高。为此，本节将从不同的角度去论证背后的路径机制。

6.1.1 分析师关注与机构投资者持股

正如第4.1节所论述的，入选股指成份股会引起分析师的关注，而分析师的关注可以对企业形成有利的外部监督，从而减少管理层机会主义行为（李春涛等，2014），导致企业降低金融投资（李静波，2021）。同时，由于成份股的投资风险相对较低，更易受到投资者的认可，引起机构投资者以及指数基金的关注。入选股指成份股也会引起机构投资者持股增加。机构投资者如果是追求长期价值投资，也会对企业起到监督作用（Parrino et al, 2003），从而抑制企业的金融资产投资。因此，入选沪深300指数成份股如果提高了分析师关注和机构投资者持股，则会对企业的金融资产配置带来抑制作用。

6.1.2 缓解融资约束的角度

入选沪深300指数成份股对金融资产配置的促进作用可能通过融资约束缓解这一传导路径实现。企业入选成份股会给公司带来股价上涨、知名度提高、企业经营状况良好的信号（Harris and Gurel, 1986；Chen et al, 2004；Brisker et al, 2013）。成份股一般是比较有代表性的股票，可得到投资者的认可（Cai, 2008）。由此可见，入选成份股向市场传递的利好消息实际上在信贷市场上可能会发挥一种隐性担保的作用。成份股的入选会增加以银行等为代表的金融机构对企业盈利能力和股票收益等方面的积极预期，这会降低资金供给方对企业未来发展态势的不确定性的预测，从而会降低订立信贷合约过程中的交易费用，降低企业的外部融资成本，从而缓解企业的融资约束问题。对于融资约束程度较低的企业，一方面，企业的资金风险相对较小，企业的金融投资环境较为宽松，从而促进企业的金融投资。另一方面，管理者面临提高股东回报率的压力、绩效考核与晋升的压力以及维持成份股地位的压力。管理层出于维持短期业绩的目的，会将更多的资源用于配置收益更高的金融资产（余琰和李怡宗，2016），以促进短期内企业绩效的提升。因此，融资约束的缓解成为企业配置金融资产获取高额收益的资金来源，从而促使企业提高金融资产的配置比例（杜勇等，2019；顾雷雷等，2020）。因此，本书认为，融资约束缓解可能是入选沪深 300 指数成份股促进企业金融资产投资的机制之一。

6.1.3　股价同步性的角度

入选沪深 300 指数成份股可能会引起股价同步性的变化，从而引起企业金融资产配置的变化。股价同步性衡量了企业股价中特质信息的含量，如果企业的股价信息中涉及的信息更多的是反映市场或行业层面的信息，则股价同步性越高；如果企业的股价信息中涉及的公司特质性信息越多，则股价同步性降低。一方面，管理层为维持成份股地位，避免从成份股名单中移出，给企业和自身声誉带来不良影响，而有很强的动机隐瞒企业的负面消息。负面消息的隐瞒会降低企业股价中公司特质信息含量（袁知柱和鞠晓峰，2008）。另一方面，成份股的入选是基于行业中具有代表性的企业，这些股票是经过官方认证的，往往被打上低风险的标志（黄凯等，2021），也会向市场传递企业未来业绩经营良好的信息，这可能会加大分析师的乐观预测偏差（Denis et al，2003），使得企业的负面消息无法被有效感知，从而降低公司股价中的特质信息含量。股价信息含量的降低，使外部投资者通过对股价信息中公司特有信息解读的难度加大，这也就意味着监督管理层的难度加大，不利于外部投资者觉察管理层的短视行为，从而使得管理层增加对收益率高的金融资产的配置（徐寿福和姚禹同，2021）。

6.1.4 社会责任信息披露的角度

入选股指成份股也可能通过影响企业社会责任信息披露进而影响企业金融资产配置。企业作为承担社会责任的重要主体，其社会责任行为受到广泛的关注。承担社会责任、提高社会责任信息披露水平是政府和社会公众对企业的一种期盼。企业入选成份股获得的关注也会使得企业社会责任披露行为得到广泛的关注。企业管理层为了应对外界关注的压力，很可能加强企业的社会责任信息披露行为，传递其积极履行社会责任的信号，以增强政府、外部投资者、股东、消费者等利益相关者对企业和高管的认知与信任（Clarkson et al, 2004）。与此同时，企业本身也会通过信息披露等手段宣传公司入选成份股的信息。例如，上海张江高科技园区开发股份有限公司在 2017 年的社会责任报告中，描述了企业入选股指成份股的情况①。除此以外，深圳证券交易所发布工作通知，要求从 2008 年 12 月 31 日起，纳入"深证 100 指数"的成份股企业应该按照《上市公司社会责任指引》的规定披露社会责任报告。同一时间，上海证券交易所也发布工作通知，要求纳入"上证公司治理板块"的样本公司披露公司履行社会责任的报告。入选股指成份股提高了企业的知名度，使得管理层也更加注重企业声誉。根据信号传递理论，管理层会通过披露企业社会责任信息向外界传递积极履行社会责任的信号，从而帮助企业树立更加良好的公众形象。由此可知，入选沪深 300 指数成份股很可能会增加企业社会责任信息披露的概率。

虽然有研究证明社会责任信息报告能够传递一定的信息，降低管理

---

① 张江高科（600895）《2017 社会责任报告》，http：//www. cninfo. com. cn/new/disclosure/detail？orgId = gssh0600895&announcementId = 1204830484。

层掩盖坏消息的可能性，提高公司治理结构的透明度（Gelb and Strawser，2001），但是从中国的现实背景来看，社会责任信息披露更可能发挥掩饰作用。尽管社会责任披露内容逐渐丰富，但是由于缺乏准则规范与第三方审计监督，大部分企业为了给予外界更加良好的企业形象，更倾向于披露慈善方面或公益方面等有关的社会责任信息（宋献中等，2017）。企业披露社会责任信息也会帮助企业积累声誉资本，缓解企业负面影响带来的冲击。因此社会责任披露的信息效应很可能被扭曲，并不能明显地提升企业透明度，更多地成为管理者掩饰其真实动机、转移利益相关者对其机会主义行为关注的手段（宋献中等，2017）。权小锋等（2015）、田利辉和王可第（2017）证明了企业社会责任信息披露是企业为了转移公众注意力和降低外界监督的一种工具，与企业股价崩盘风险正相关。海明威和麦克拉根（Hemingway and Maclagan，2004）认为，企业从事社会责任活动可以掩盖管理层的失德行为。科恩和翁（Koehn and Ueng，2010）认为，慈善捐赠是转移公众对企业负面信息关注的一种手段，企业试图利用这一手段，挽回企业的形象与声誉。高勇强等（2012）认为，中国企业利用慈善捐款活动降低企业可能的声誉损失，从而为企业其他的不当行为遮丑。在实体经济持续低迷的大环境下，投资金融资产相对来说可以获取更高额的收益。对于管理层而言，其不仅面临提高股东回报率的压力，还面临着绩效考核与晋升的压力。由于社会责任信息形成的掩饰作用可以转移投资者的监督以及掩盖管理层的金融投机行为，管理者通过配置高收益的金融资产以实现企业短期绩效提升（孟庆斌和侯粲然，2020）。因此，本书认为，入选沪深 300 指数成份股很可能通过增加社会责任信息披露的概率，从而促进企业金融资产投资。

6.2　研究设计

在本节中，本书构建基准回归模型来分别验证入选沪深 300 指数成份股对分析师关注、机构投资者持股、融资约束、股价同步性、治理水平以及社会责任信息披露的影响。为了得到可靠的因果效果，本书在此采用模糊断点回归的方法进行验证。

6.2.1 模型设定

考虑到数据可得性的问题，本书在验证入选沪深 300 指数成份股对中间机制变量的影响时，采用年度数据进行验证。

以考察入选沪深 300 指数成份股对融资约束的影响为例，本书构建以下模型：

$$KZ_{it} = \delta_0^k + \delta_1^k CSI300_{it} + \delta_2^k X_{it} + \delta_3^k CSI300_{it} X_{it} + \tau_t^k + \varepsilon_{it}^k \tag{6.1}$$

第一阶段的方程设定如下：

$$CSI300_{it} = \alpha_0^k + \alpha_1^k X_{it} + T_{it}(\alpha_2^k + \alpha_3^k X_{it}) + \tau_t^u + \varepsilon_{it}^u \tag{6.2}$$

$$CSI300_{it} X_{it} = \alpha_{10}^k + \alpha_{11}^{sk} X_{it} + T_{it}(\alpha_{12}^k + \alpha_{13}^k X_{it}) + \tau_t^v + \varepsilon_{it}^v \tag{6.3}$$

第二阶段的模型主要用于估计入选成份股对于企业融资约束的影响，其方程设定如下：

$$KZ_{it} = \pi_0^k + \pi_1^k \widehat{CSI300}_{it} + \pi_2^k X_{it} + \pi_3^k \widehat{CSI300_{it} X_{it}} + \tau_t^q + \varepsilon_{it}^q \tag{6.4}$$

其中，下标 i 代表企业，t 代表年份。$X_{it} = c_t - rank_{it}$，c_t 对应的为第 t 年 6 月调样时，间断点的排名。本书仍然采用入选沪深 300 指数成份股的企业中，日均市值最小的股票对应的排名作为间断点排名。$rank_{it}$ 对应的为每年 6 月调样前一年度的日均市值排名。例如，假设 2014 年 6 月调样，则 $rank_{it}$ 的计算是根据 2013 年 5 月 1 日至 2014 年 4 月 30 日股票的日均市值排名获得的。X_{it} 是本书的驱动变量，是中心化后的企业日均市值排名。KZ_{it} 表示第 t 年度的融资约束的指标。τ_t^k，τ_t^u，τ_t^v 和 τ_t^q 分别表示每年 6 月定期调整的固定效应。ε_{it}^k，ε_{it}^u，ε_{it}^v 和 ε_{it}^q 为扰动项。$\widehat{CSI300}_{it}$ 为方程（6.2）中结果变量的拟合值。$\widehat{CSI300}_{it}X_{it}$ 为方程（6.3）中结果变量的拟合值。方程（6.1）中 δ_1^k 反映了入选沪深 300 指数成份股对企业融资约束的因果效果，其值是通过两阶段最小二乘法由式（6.4）估计得出（对应于 π_1^k）。

6.2.2 数据来源

不同于第 4 章与第 5 章，由于中介变量数据的可获得性，本章选取 2009～2018 年在沪深交易所 A 股上市的企业（剔除金融行业和房地产行业的企业）的年度数据作为研究样本。实证数据来源如下所述：关于分析师关注的数据，本书从 CSMAR 数据库公司研究系列的分析师预测表获得相应的数据；关于机构投资者持股的数据，本书从 CSMAR 数据库公司研究系列的机构投资者表中下载获得；关于融资约束变量所需要的经营现金流、现金股利、资产负债率等指标，本书从 CSMAR 数据库公司研究系列下载了年度财务报表，并从资产负债表、利润表以及现金流量表中获得相关数据；关于衡量企业股价同步性所需要的个股周收益率以及市场收益率等指标，本书从 CSRMAR 数据库股票市场交易数据库获得；关于企业社会责任信息披露的数据，本书根据企业年报以及社会责任信息报告获取相关的数据。关于企业是否入选沪深 300 指数成份股，本书从 Wind 数据库中下载并整理定期调整后沪深 300 指数成份股的企业名单。关于驱动变量，如第 4 章所述，本书从 CSMAR 数据库中的股票市场交易数据中下载了个股的日成交额、日市值等数据，用于计算每一次定期调整对应的日均成交额与日均市值，并最终用于计算企业排名。

同样地，对于上述不同来源的数据信息，本书分别根据上市公司的股票代码及对应的年份进行相关数据的匹配，然后进行部分删除与调整处理。本书的研究对象是实体企业，故根据 2012 年证监会颁布的上市公司行业分类，本书排除了"金融业"和"房地产业"行业的企业。同时，本书还将数据进行了以下处理：（1）首先，根据每年 6 月成份股选样规则，剔除 ST、*ST 类上市公司等不满足条件的企业，构造样本空间。其次，根据 CSMAR 数据库中日个股交易数据，计算股票的日均成交额，按照调整规则，根据每次定期调整的时间，删除日均成交额排序后 50% 的股票。最后，每期剩余的股票会进入排名阶段。在排名阶段中，企业是否入选成份股由企业日均市值的排名决定。因此，本书选取样本空间中（定义如前）进入排名阶段的企业作为研究样本。（2）剔除重要财务指标缺失的企业。（3）为避免异常值的影响，剔除了金融资产变量在 95% 分位数上的观测值[①]。经上述处理后，得到共 2574 家上市公司 2009～2018 年度非平衡面板数据。

6.2.3 变量设定与描述性统计

关于分析师关注变量，参考徐等（Xu et al, 2013）、徐欣和唐清泉（2010）的做法，将分析师关注度用发布报告的分析师人数来衡量，同时也考虑将发布报告的分析师人数取自然对数。如果发布盈余报告的是分析师团队，认为分析师人数为 1，若某分析师在该年度内对公司发布有多篇报告，认为该分析师对该公司的关注人数仍为 1。

关于机构投资者持股变量，参考现有文献（蔡宏标和饶品贵，2015；宋玉等，2012）的做法，用机构投资者持股数占上市公司总股数反映机构持股水平。其中，机构投资者包括合格境外投资者、券商、保险、社保基金、信托、财务公司、银行、非金融类上市公司。进一步地，杨海燕等（2012）、胡楠等（2021）将合格境外投资者、券商、社保基金划分为监督型机构投资者，该类机构投资者是独立的投资机构，他们对上市公司的监督效应更明显。其他机构投资者则划分为压力敏感性机构投资者，由于其独立性的缺乏，参与公司治理的意愿较低，具有短期价值导向。

---

① 进行机制分析前，本书已经使用年度数据证明了入选沪深 300 指数成份股对企业金融资产配置的正向影响。相应的结果详见第 4 章的第 4.4.3 节。

关于企业融资约束变量，参考卡普兰和津加莱斯（Kaplan and Zingales，1997）的做法，本书采用 *KZ* 指数来衡量。具体的指标构造过程如下：首先，本书选取经营现金流（经营活动产生的现金流量净额/上期总资产）、现金股利（现金股利/上期总资产）、现金持有（期末现金及现金等价物余额/上期总资产）、资产负债率和托宾 Q 5 个指标。其次，构造KZ_1，KZ_2，KZ_3，KZ_4，KZ_5五个指标。根据证监会 2012 年行业分类，如果经营现金流指标低于同年同行业的中位数，则KZ_1取 1，否则取 0；如果现金股利低于同年同行业的中位数，则KZ_2取 1，否则取 0；如果现金持有低于同年同行业的中位数，则KZ_3取 1，否则取 0；如果资产负债率高于同年同行业的中位数，则KZ_4取 1，否则取 0；如果托宾 Q 高于同年同行业的中位数，则KZ_5取 1，否则取 0。然后，将五个被赋值后的指标求和，并作为被解释变量，采用排序 logit 模型对KZ_1，KZ_2，KZ_3，KZ_4，KZ_5进行回归。KZ_1，KZ_2，KZ_3，KZ_4，KZ_5的系数分别为 - 8.376，- 32.955，- 4.297，4.495，0.455。这与理论预期一致，经营现金流低，现金持有量低，现金股利低，负债水平高，投资机会多的上市企业通常面临着较高的融资约束。最后，利用回归得到的估计参数计算每一家企业的 *KZ* 指数。*KZ* 指数越大，则表明企业面临的融资约束程度越高。

关于股价同步性的测量，参考现有文献的做法（Jin and Myers，2006；朱红军等，2007；孟庆斌等，2019），第一，建立回归模型：$R_{iwt} = \alpha + \beta R_{mwt} + \varepsilon$，其中，$R_{iwt}$为企业 i 在第 t 年第 w 周的收益率，R_{mwt}为深市的市场收益率。通过回归得到上述模型中的拟合系数R^2，该拟合系数表示企业股票价格变动能够被市场波动解释的部分。第二，对R^2进行转换，即转换为$Synch = \ln\left(\dfrac{R^2}{1 - R^2}\right)$，最终的 *Synch* 就是本书所用的股价同步性指标。*Synch* 越大，表明股价同步性越高，股价信息中公司的特质信息含量越低。

关于社会责任信息披露变量，参考宋献中等（2017）的做法，本书根据企业年报和社会责任报告信息，用二元哑变量替代上市公司是否披露社会责任信息，1 表示企业披露了社会责任信息，0 表示没有披露社会责任信息。

表 6.1 是对上述机制变量的具体度量以及数据来源进行的统计。

表 6.1   **变量定义与数据来源汇总**

变量类型	变量名称及符号表示	变量定义	数据来源
机制变量	分析师关注（Follow/Lnfollow）	分析师跟随人数（对数值）	CSMAR 数据库分析师预测表
	机构投资者持股（Ins）	机构投资者持股数占上市公司总股数的比例（%）	CSMAR 数据库机构投资者表
	监督型机构投资者持股（L_Ins）	监督型机构投资者持股数占上市公司总股数的比例（%）	
	压力敏感型机构投资者持股（S_Ins）	压力敏感型机构投资者持股数占上市公司总股数的比例（%）	
	融资约束程度（kz）	参考现有文献构造的融资约束指标，该值越大，企业的融资约束程度越高（详见本节关于融资约束程度的衡量）	CSMAR 数据库公司年度财务报表
	股价同步性（Synch）	该值越大，股价同步性越高，股价信息含量越低（详见本节关于股价同步性变量的衡量）	CSMAR 数据库股票市场交易数据库
	社会责任信息披露（CSR）	企业披露社会责任信息取值为1，否则为0	CSMAR 上市公司年报、企业社会责任报告

6.3　实证检验结果分析

6.3.1　分析师关注的角度

本书检验了入选沪深 300 指数成份股对分析师关注度的影响，相应的回归结果报告在表6.2中。表6.2中列（1）和列（3）分别报告了CCT带宽下和IK带宽下，入选沪深300指数成份股对分析师跟随人数的影响，估计结果显示，*CSI*300变量前的估计系数不显著。列（2）与列（4）分别报告了CCT带宽下和IK带宽下，入选沪深300指数成份股对分析师跟随人数（取自然对数）的影响，*CSI*300变量的估计系数不显著。以上结果说明入选沪深300指数成份股对于分析师关注没有显著的影响。朱等（2017）以2009~2012年沪深300指数成份股调整为基础，发现调入沪深300指数成份股会引起分析师的关注，但是调出成份股并没有引起分析师关注度的显著下降。曹等（2019）研究入选罗素指数对企业融资摩擦的影响时，同样也发现调入成份股引起了分析师关注的增加，但是调出成份股并没有引起分析师关注的降低。① 也就是说，当期调出的成份股（非成份股）与成份股企业的分析师关注度没有明显的差异。具体到本书中，一方面，入选股和对照组企业在市值规模上只存在细微的差别，市值排名在断点附近的随机波动导致部分企业入选成份股，部分企业未入选成份股。从当期成份股调整后来看，断点左侧对照组（未入选的）的企业可能包含了上一期的老成份股。这些老成份股在当期是被调出的成份股，在短时期内，分析师可能并不会减少对这些企业的关注。另一方面，新入选成份股会引起分析师关注的增强，但是断点左侧的老成份股由于当期被调出实际可能传递了经营不善的信号，也会引起分析师对其的关注。因此，综合以上两种可能，入选沪深300指数成份股并没有导致分析师关注度的显著变化。在本书中，直接用发布研究报告的分析师人数作为衡量企业外部监督环境的指标，可能并不合适。后续研究中需要通过文本分析对分析师报告进行多维度分类，并据此分类衡量分析师报告的监督效应。

---

① 考察调入成份股对分析师关注的影响时，考察的是上期非成份股的样本中，新调入的成份股与非成份股之间的分析师关注的差异。考察调出成份股对分析师关注的影响时，考察的是上期是成份股的样本，调出的成份股与成份股之间的分析师关注的差异。

表6.2 入选沪深300指数成份股对分析师关注的影响

变量	CCT		IK	
	（1）	（2）	（3）	（4）
	Follow	*Lnfollow*	*Follow*	*Lnfollow*
*CSI*300	−0.973 (2.404)	−0.183 (0.272)	−0.921 (2.455)	−0.181 (0.250)
核函数类型	三角核			
定期调整的固定效果	是	是	是	是
观测值	2546	1863	2463	2163

注：***、**、*分别表示在1%、5%、10%的水平下显著；括号中数字为标准误。

6.3.2 机构投资者持股的角度

进一步地，本书检验了入选沪深300指数成份股对机构投资者持股比例的影响，基于CCT和IK最优带宽对应的回归结果分别报告在表6.3的列（1）和列（4）中。研究结果显示，入选沪深300指数成份股增加了机构投资者的持股。然而机构投资者持股的增加并不能说明沪深300指数成份股增加了对企业的监督。相对于一般投资者而言，机构投资者自身对于信息的收集处理与分析能力都比较强，机构投资者在追求长期价值投资时，会对企业起到监督与管理作用（Parrino et al，2003）。由于机构投资者具有规模优势与专业优势，其参与公司治理有效地弥补了小股东参与公司治理不足与大股东内部控制问题带来的缺陷。对于分散的小股东来说，监督企业管理层导致的监督成本可能大于其从监督中的获益，而机构投资者的规模优势可以有效地实现对管理层的监督（Shleifer and Vishny，1997）。

然而机构投资者也会对公司治理产生异质性影响。对于压力敏感型机构投资者而言，他们往往是作为市场交易者采取行动，其交易活动较为频繁。频繁的交易使得这些机构投资者更关注企业短期业绩（刘伟和曹瑜强，2018）。另外，压力敏感型机构投资者关注企业长期业绩并且参与治理的成本较高（Froot et al，1991；Porter，1992），他们非但不能充分发挥监督职责，甚至会作为利益攫取者加强管理层的短视行为。对于监督型机构投资者，譬如合格境外机构投资者，其投资经验和投资理念较为先进，会更加重视企业的价值投资和长期发展，并且其作为外来投资者具有较强的独立性，有足够的动机参与公司治理。在我国，像保险公司、一般法人机构等与投资公司之间更多的是业务依赖关系，该类机构投资者缺乏较强的动机监督管理层（胡楠等，2021）；合格境外机构投资者、证券投资基金、社保基金，属于独立的机构投资者，他们有更强的动机去监督管理层（杨海燕等，2012）。因此，当监督型机构投资者持股比例越高，其发挥监管作用的力度越大，对管理层道德风险的约束能力越强，这会缓解入选成份股导致的短视主义，降低管理层对金融资产的投资偏好。

基于此，本书进一步将机构投资者划分为压力敏感型机构投资者和监督型机构投资者，考察了入选沪深 300 指数成份股对这两类机构投资者持股的影响。研究结果表明，入选沪深 300 指数成份股对监督型机构投资者影响的回归系数为负但不显著（见表 6.3 的列（2）与列（5））。关于入选沪深 300 指数成份股对压力敏感型机构投资者持股的影响，相应的结果报告在表 6.3 的列（3）和列（6），研究结果表明，入选沪深 300 指数成份股显著增加了压力敏感型机构投资者持股比例。由此可见，入选沪深 300 指数成份股带来机构投资者持股比例的增加，主要是源于压力敏感型机构投资者持股比例的增加。以上结果可以说明，入选沪深 300 指数成份股并没有显著增强对企业的监督[①]。

[①]　由于表格宽度的限制，本书并未报告每列回归中对应的一阶段结果。一阶段结果中 *CSI*300 变量前的系数均在 1% 的统计水平上显著为正。

表 6.3 　　　　入选沪深 300 指数成份股对机构投资者持股的影响

变量	CCT			IK		
	(1)	(2)	(3)	(4)	(5)	(6)
	Ins	*L_Ins*	*S_Ins*	*Ins*	*L_Ins*	*S_Ins*
*CSI*300	1. 877 * (1. 102)	− 0. 562 (0. 459)	2. 662 *** (0. 996)	1. 922 * (1. 070)	− 0. 660 (0. 485)	2. 722 *** (1. 070)
核函数类型	三角核					
定期调整的固定效果	是	是	是	是	是	是
观测值	2129	2613	2109	2253	2414	1882

注: ***、* 分别表示在 1% 、10% 的水平上显著；括号中数字为标准误。

6.3.3　融资约束的角度

　　根据第 6.1 节中的理论假设，入选沪深 300 指数成份股很可能通过缓解融资约束促进企业金融资产配置的增加。由此可见，为了探究这一机制是否存在，本书检验了入选沪深 300 指数成份股对企业融资约束的影响。本书在表 6.4 的列（1）和列（3）报告了 CCT 带宽和 IK 带宽下断点估计的一阶段回归结果，估计结果显示，入选沪深 300 指数成份股的概率在断点两侧发生了明显的跳跃。在评估入选沪深 300 指数对企业融资约束的影响时，相应的结果分别报告在表 6.4 的列（2）和列（4），研究结果表明，入选沪深 300 指数成份股能够缓解企业融资约束。已有文献证明了融资约束的缓解会促进企业的金融资产配置（杜勇等，2019；顾雷雷等，2020）。因此，由于成份股调整的压力效应和企业配置金融资产的逐利动机，入选沪深 300 指数成份股带来的融资约束缓解的资金所得会用于金融资产配置。

表 6.4　　　　　　　　入选沪深 300 指数成份股对融资约束程度的影响

变量	CCT		IK	
	（1）	（2）	（3）	（4）
	*CSI*300	*KZ*	*CSI*300	*KZ*
*CSI*300	0.279 *** (0.031)	−1.159 ** (0.562)	0.289 *** (0.037)	−1.580 ** (0.682)
核函数类型	三角核			
定期调整的固定效果	是	是	是	是
观测值	1436	1436	1041	1041

注：***、** 分别表示在 1%、5% 的水平上显著；括号中数字为标准误。

6.3.4　股价同步性的角度

表 6.5 中报告了入选沪深 300 指数成份股对企业股价同步性的断点回归结果。列（1）和列（3）分别为 CCT 带宽和 IK 带宽下一阶段的估计结果，证明了入选沪深 300 指数成份股的概率在断点处的跳跃。列（2）与列（4）报告了入选沪深 300 指数成份股对股价同步性的影响。*CSI*300 的估计系数在 5% 的统计水平上显著，证实了入选沪深 300 指数成份股提高了企业的股价同步性，这与李挺和陆雪君（2021）得到的结论一致。已有文献表明，股价信息含量的提高有助于提高企业的外部监督机制，从而有效地抑制企业金融资产配置（徐寿福和姚禹同，2021）。因此，入选沪深 300 指数成份股实际上降低了企业的股票信息含量，这导致了外部投资者获取有效信息难度的增加以及监管难度的增大。管理层为应对成份股调整的压力以及达到快速提高企业短期利润的目的，会增加企业对金融资产的配置。

表6.5   **入选沪深300指数成份股对企业股价同步性的影响**

变量	CCT		IK	
	（1）	（2）	（3）	（4）
	*CSI*300	*Synch*	*CSI*300	*Synch*
*CSI*300	0.259 *** (0.027)	0.434 ** (0.189)	0.259 *** (0.027)	0.434 ** (0.189)
核函数类型	三角核			
定期调整的固定效应	是	是	是	是
观测值	1916	1916	1916	1916

注：*** 、** 分别表示在1%、5%的水平上显著；括号中数字为标准误。

6.3.5 社会责任信息披露的角度

本书在表6.6中报告了入选沪深300指数对社会责任信息披露的一阶段和两阶段结果。列（1）和列（2）报告了基于CCT带宽和IK带宽下一阶段的估计结果。一阶段结果显著为正，证明了入选沪深300指数成份股的概率在断点处的跳跃。从列（3）与列（4）报告的两阶段估计结果来看，*CSI*300在1%的统计水平上显著为正，证实了入选沪深300指数成份股对社会责任信息披露的正向促进作用。如前文所述，社会责任信息的披露通过发挥掩盖作用转移了外部投资者对企业的监督从而促进了企业的金融资产配置（孟庆斌和侯粲然，2020）。

表6.6   **入选股指成份股对企业社会责任信息披露的影响**

变量	CCT		IK	
	（1）	（2）	（3）	（4）
	*CSI*300	*CSR*	*CSI*300	*CSR*
*CSI*300	0.251 *** (0.025)	0.043 *** (0.015)	0.243 *** (0.023)	0.041 *** (0.014)

变量	CCT		IK	
	(1)	(2)	(3)	(4)
	CSI300	*CSR*	*CSI300*	*CSR*
核函数类型	三角核			
定期调整的固定效果	是	是	是	是
观测值	2255	2255	2535	2535

注：*** 表示在1%的水平上显著；括号中数字为标准误。

6.4　本章小结

在第4章和第5章中，本书经过一系列实证分析，利用断点回归方法证明了入选股指成份股能够显著提升企业金融资产配置水平，并且从异质性因果效果的探讨过程中发现企业配置金融资产的逐利动机。在本章中，本书尝试探讨了可能的影响机制。通过理论分析与实证检验，本书认为，入选沪深300指数成份股可能通过以下途径对企业金融资产配置产生正面影响。

入选沪深300指数成份股可能会加强对企业的监督从而对金融资产配置产生影响。本书研究发现，入选沪深300指数成份股对分析师关注没有显著的影响，虽然入选股指成份股增加了机构投资者持股，但主要是增加了压力敏感型机构投资者持股。这表明入选沪深300指数成份股并没有改善对企业的监督水平。因此，入选沪深300指数成份股主要通过压力效应对金融资产配置产生影响。从压力效应的角度，本书发现，首先，企业入选沪深300指数成份股可以降低企业获取外部融资的成本，缓解企业融资约束问题，融资约束缓解带来的资金促使企业进行金融资产投资。其次，入选沪深300指数成份股提高了企业的股价同步性，降低了股价信息含量，导致企业金融资产配置比例增加。最后，入选沪深300指数成份股能够提高企业披露社会责任信息的概率，社会责任信息的披露则会形成掩饰作用，从而转移投资者的监督以及掩盖管理层的金融投机行为，促使管理者通过配置高收益的金融资产以实现企业短期绩效提升。

另外，本书也从长期投资支出的角度，探讨了入选沪深300指数成份股与企业研发支出的关系，以佐证入选股指成份股的压力效应增加了管理层的短视主义，实证结果报告在附录5中。从实证结果来看，入选沪深300指数成份股使得企业研发支出降低了约1个百分点。这进一步佐证入选沪深300指数成份股加剧了管理层提高短期业绩的机会主义行为的观点。

根据本章的讨论可知，入选沪深300指数成份股给企业带来了融资便利，缓解了企业的融资约束。基于逐利动机，企业利用入选成份股获得的资源进行金融资产投资。虽然从表象上，入选沪深300指数成份股传递出企业经营稳定的良好信号，以及入选沪深300指数成份股后企业社会责任信息披露概率增加，但这实际上也会增加管理层隐瞒不良消息的动机，转移或放松外部投资者、股东等利益相关者对企业管理层的监督，提高股价同步性，促进企业对短期利润的追逐。因此，资本市场等各个主体应该进一步加强对成份股企业的监督，避免这类企业过度配置金融资产，不利于企业的长期发展。

第7章 结论、启示与展望

利用沪深两市 2009～2018 年实体上市企业的数据，依据沪深 300 指数遴选与调整规则，本书将每次成份股调整时入选沪深 300 指数成份股的企业，日均市值最小的企业排名作为间断点排名，采用模糊断点设计的方法，讨论了入选股指成份股对企业金融资产配置以及对不同类型的金融资产配置的影响。本章主要是对三个实证章节得到的研究结论进行概括总结，并提出相应的理论启示与政策建议。最后，概括本书的不足之处与对后续研究的展望。

7.1 研究结论

虚拟经济与实体经济协调发展促进国民经济的共同发展一直是我国经济发展的重要目标。由于虚拟经济的快速发展，实体企业纷纷涉足金融和房地产行业。企业金融资产配置，与产业投资一起，已成为实体企业投融资领域的一个重要话题。

资本市场是影响微观企业投资行为的重要因素。股指成份股的调整改变了企业赖以生存的资本市场环境。股票指数是反映资本市场整体运行状况的重要指标，成份股调整也是一种重要的市场机制。一方面，入选股指成份股会引起资本市场各主体的关注，这会加强对企业的监督，减少管理层机会主义行为。另一方面，成份股调整带来的短期业绩压力也会加剧管理层的投机行为，促使管理层改善短期业绩。

本书基于委托代理理论、激励理论、交易成本理论以及信号传递理论，对入选股指成份股与企业金融资产之间的关系进行了重点讨论。具体而言，基于 2009～2018 年中国沪深 A 股上市的实体企业为初始研究样本，本书首先分析了入选沪深 300 指数成份股对企业金融资产配置总量的影响，并分析了异质性因果效果。其次，本书进一步讨论了入选沪深 300 指数成份股对企业短期金融资产和长期金融资产配置的影响，并进行了异质性因果效果的分析。最后，本书还尝试探究入选股指成份股影响企业金融资产配置背后的潜在机制。基于理论分析与实证检验，本书得到如下研究结论。

（1）本书采用模糊断点估计的方法检验入选沪深 300 指数成份股对企业金融资产配置的影响。经过一系列的检验，证明了断点设计的有效性。在此基础上，本书首先报告了一阶段的实证结果，发现企业入选沪深 300 指数成份股的概率在断点处存在明显的跳跃。在本书的分析中，断点回归的估计结果是采用两阶段最小二乘的方法得到的。两阶段的估计结果表明，入选沪深 300 指数成份股能够显著提升企业金融资产的配置比例。入选沪深 300 指数成份股的"压力效应"占主导作用，加剧了管理层的短视行为，增加了企业的金融资产投资。一系列的稳健性测试也证明了回归结果的稳健性。避免企业"脱实向虚"，成为我国经济平稳发展的关键问题。而股指成份股的调整促进了企业金融资产配置。因此，如何改善并发挥成份股调整这一机制对企业投资行为的引导作用值得深思。

（2）在探讨入选沪深 300 指数成份股影响企业金融资产配置的异质性分析过程中，本书发现，代理成本的提高会增强入选沪深 300 指数成份股对企业金融资产配置的促进作用。内部信息透明度的提高会弱化入选沪深 300 指数成份股对金融资产配置的正向影响。企业股权集中度的提高会削弱入选沪深 300 指数成份股对金融资产配置的促进作用。建立银企关系的企业入选沪深 300 指数成份股对金融资产投资的促进作用更为明显。市场势力越强的企业，由于其主营业务业绩较好，入选沪深 300 指数成份股对金融资产配置的促进作用会降低。处于成熟期与衰退期的企业，入选沪深 300 指数成份股对金融资产配置的促进作用更加明显。从异质性分析得到的结果来看，本书可以总结出以下两点内容：第一，从代理成本、内部信息透明度、大股东持股导致的异质性因果效果，确实说明了入选沪深 300 指数成份股导致了企业代理问题的加重，从而导致了金融资产配置的增加。第二，从银企关系建立、市场势力以及企业所处的生命周期阶段导致的异质性因果效果，可以证明入选沪深 300 指数成份股导致的企业金融资产配置增加是出于逐利动机。异质性的分析结果能够帮助更好地了解中国资本市场背景下股指成份股调整影响企业金融资产配置的发生条件。

（3）在进一步分析入选沪深 300 指数成份股对企业短期金融资产和长期金融资产的影响时，本书发现，入选股指成份股增加了企业短期金融资产的持有比例，一系列的稳健性测试证明了实证结果的可靠性。由于短期金融资产的持有期限短，为了应对成份股调整带来的短期业绩压力，管理者会将资金配置于更具有投机性质的短期金融资产上，这样的实证结果证明了股指成份股调整的业绩压力效应。关于探讨入选沪深 300 指数成份股对企业长期金融资产的影响时，基准回归结果证明，入选股指成份股增加了企业长期金融资产的配置比例。由于投资长期金融资产的市场套利属性，管理者基于自身利益的考虑以及后续维持成份股的入选，入选成份股后也会增加企业长期金融资产的配置。仅从不同类型的金融资产配置的角度，实际上在一定程度上说明了企业配置金融资产的逐利动机。同时，本书从代理成本、内部信息透明度、银企关系建立、股权集中度、市场势力、企业生命周期等角度考察了入选沪深 300 指数成份股对短期金融资产和长期金融资产配置的异质性效果，这些结论进一步确认了入选沪深 300 指数成份股的压力效应推动的企业配置金融资产是出于对短期利益的追逐。

（4）在探究入选股指成份股影响企业金融资产投资的路径机制过程中，本书发现以下论点，入选沪深300指数成份股的监督效应并没有有效发挥，主要是压力效应发挥了主导作用。本书发现，第一，企业入选沪深300指数成份股可以降低企业获取外部融资的成本，缓解企业融资约束问题，融资约束的缓解带来的资金促使企业进行金融资产投资。第二，企业入选沪深300指数成份股增加了企业股价同步性，从而引起金融资产配置增加。第三，入选沪深300指数成份股能够提高企业披露社会责任的概率，社会责任信息的披露则会形成掩饰作用，从而转移投资者的监督以及掩盖管理层的金融投机行为，促使管理者通过配置高收益的金融资产以实现企业短期绩效提升。第四，从入选沪深300指数成份股与企业研发支出之间的关系角度进一步证实了入选股指成份股的压力效应确实加剧了管理层的短视主义，从而降低了对企业研发的投入。机制探讨的结果说明，由于成份股调整的压力效应，入选股指成份股传递出企业稳定经营的良好信号虽然缓解了融资约束，但是融资约束缓解的资金成了金融资产配置的资金来源。入选成份股后股价同步性的提高、企业社会责任信息披露概率的增加都表明入选成份股起到了转移或放松外部投资者、股东等利益相关者对企业管理层的监督的作用，从而促使管理层配置更多的金融资产。因此，进一步加强对成份股企业的有效监督十分关键。

7.2　研究启示

本书基于市场委托代理理论、激励理论、交易成本理论以及信号传递理论讨论了实体上市企业入选沪深300指数成份股对企业金融资产配置的影响。并且系统性地分析了不同企业特征下入选沪深300指数成份股影响企业金融资产配置的异质性表现。同时也探究了入选沪深300指数成份

股对不同类型金融资产配置的影响。最后，本书分析了入选沪深300指数
成份股影响企业金融资产配置背后的路径机制。基于一系列的研究，本
书得到如下理论启示与实践启示。

7.2.1　理论启示

（1）关于影响企业金融资产投资的因素的文献十分丰富，例如，外
部环境（经济政策不确定性、政策环境变化）、公司治理特征、高管特征
等。大多数学者已经证明了过度的金融资产配置会影响企业主营业务的
增长，对企业长期稳定的发展造成不利的影响。避免企业过度金融化已
经成为关注的焦点问题。然而，无论是从国外背景还是国内背景，鲜少
有文献从股指成份股调整的角度出发考察入选股指成份股对企业金融资
产配置的影响。本书在构建入选股指成份股与企业金融资产配置的关系
假设基础上，运用恰当的计量方法实证分析了入选股指成份股对企业金
融资产投资的因果效果，并且进一步探究了相应的影响机理。本书研究
在理论上拓展了影响企业金融资产投资的因素的研究。

（2）已有关于股指成份股调整的经济后果的研究还比较缺乏。股数
成份股调整是否具有信息含量是研究人员讨论的重点。早期针对指数调
整的价格效应和交易量效应的研究并没有得到一致的结论。因此，学者
也从长期的角度来论证这一议题。现有研究主要考察了股指成份股对于
融资约束、环保投资、企业避税、盈余管理、现金持有、股价崩盘风险
等的影响，但是考察对企业金融资产配置影响的文章还相对不足。股指
成份股调整是中国资本市场上一种很重要的制度安排，成份股的调整不
仅具有信号传递以及声誉作用，还会对公司治理产生影响。企业金融资
产配置本身就是一个代理问题，而公司治理会对企业金融资产投资产生
重要的影响。因此，有必要增加股指成份股调整对企业金融资产投资的
研究。本书的研究结论发现，入选股指成份股增加了企业金融资产的持

有，并且不同企业特征属性入选股指成份股对企业金融资产配置的影响存在差异性。本书的研究结论也对指数调整是否具有信息含量这一争议提供了长时间窗口的实证证据。

（3）基于金融资产配置动机理论，不同类型的金融资产在企业的发展中扮演着不同的角色。流动性较强的短期金融资产不仅可以起到蓄水池的作用，也具有投机收益的功能。收益率较高的长期金融资产则主要发挥投机替代作用。因此，通过观察外部条件变化导致的企业对不同类型的金融资产配置差异，可以有效地帮助识别企业配置金融资产的动机。本书在探究入选股指成份股对于不同类型金融资产配置的影响差异时，发现入选股指成份股不仅增加了短期金融资产的持有，还增加了对收益率高的长期金融资产的持有。并且入选成份股对企业长期金融资产配置的促进作用在外部融资环境宽松的企业中更加明显。这些研究结论有助于增加政策制定者对于企业加入股指成份股以及配置金融资产动机的认识，从而帮助相关部门制定科学合理的资本市场政策。因此，本书的研究结论有助于丰富金融资产配置动机的理论研究。

（4）本书在综述股指成份股调整对企业行为的研究中，发现大多数研究支持入选股指成份股会发挥监督效应从而有效地抑制管理层的机会主义行为（Denis et al，2003；Chen et al，2004；梁上坤等，2021；李强和孙田田，2020）。本书的研究结果支持了入选股指成份股的压力效应，加剧了企业的代理问题，从而促使企业配置更多的金融资产。虽然本书的实证研究证明入选沪深300指数成份股缓解了企业的融资约束，但是却发现企业的研发支出反而降低了。并且入选沪深300指数成份股并没有增加分析师关注，对机构投资者持股的促进作用也只是压力敏感型机构投资者持股的增加引起的。这表明股指成份股的调整并没有有效发挥监督效应，其并不能作为一种战略手段来缓解代理问题。同时本书的研究结论也可为丰富股指成份股调整影响企业内部治理水平提供证据。

7.2.2　实践启示

本书的主要结论对于如何规范股指成份股调整制度以及避免实体企业"脱实向虚"具有一定的指导价值，从而为政府和实体企业提供实践参考。

从政策层面出发，第一，资本市场是上市企业进行外部融资和股票流通的重要平台，股指成份股作为十分重要的制度安排与市场机制，对于引导实体企业回归本源发展，促进国民经济高质量高水平发展具有重要的现实作用。根据我国资本市场的现实情况，我国股票市场起步较晚，与欧美国家等发展成熟的资本市场还存在一定的差距。1991 年，上证综合指数发布，它是我国最早发布的股票指数，在此之后指数品种才日益增加，指数的投资规模也不断扩大。股票指数作为资本市场运行重要的参考指标，其合理性与真实性也会为其他金融衍生工具和产品的发展提供依据。股指成份股本应是市场上最具有代表性的优质企业，但从本书的研究结果来看，入选股指成份股实际发挥了压力效应，加剧了企业的代理问题从而增加了实体企业金融资产的配置。由此来看，监管部门应该进一步加强对股指成份股的监控，以避免企业管理层因压力而改变企业投资决策，导致企业形成短视的投资策略。现阶段应鼓励证监会、证券交易所等监管机构，加强对成份股企业的监督。如构建分析师、证监会以及证券交易所之间的协同监管机制，改善我国资产市场的信息沟通，加强信息中介建设，以发挥股指成份股调整的外部治理作用，从而促使成份股调整与企业投资形成良好的互动，避免其加剧实体企业的金融化程度。

第二，从企业金融资产配置的角度来看，本书通过探讨入选沪深 300 指数成份股与短期金融资产和长期金融资产配置的关系以及异质性效果时，相应的实证证据表明企业配置金融资产的动机是追逐利润。企业如果基于利润追逐动机配置金融资产则会对企业长期发展产生不利的影响，而微观企业的高质量发展是国民经济稳定持续发展的基础。因此，如何引导金融服务实体经济，意义重大。在之前的章节，本书强调企业金融资产配置的问题与代理问题息息相关，从公司治理的角度出发，提高公司治理水平能够有效缓解代理问题。从政策的角度来看，加强企业的外部监督可能是一种行之有效的方式。制定强制性的政策措施来规范上市公司的信息披露可能会产生良性的效果。如证券交易所可以进一步对企业年报或社会责任报告等定期披露企业信息的途径做强制性的规定，如在投资方面必须按照特定要求详尽地披露企业在金融市场的投资决策等重要财务信息。严格的信息披露机制也会促使分析师发挥改善资本市场信息环境的积极作用，从而形成对企业金融资产配置更有效的监督机制。同时也可以借鉴国外经验引入会计电算化等网络化信息披露，根据我国实际建立电子化信息收集处，提高信息披露的效率。政府也应完善对虚假信息披露等行为的惩罚条款和监管机制，例如，建立信息披露的诚信档案，加大对谎报虚假信息的企业的惩罚力度等。

第三，本书的研究结论也表明，企业市场势力的提高会抑制入选股指成份股对金融资产配置的促进作用。企业的市场势力越高，意味着企业的主营业务收益率越高，此时企业会更专注于主业的发展。引导企业如何回归本源发展成为政策制定的重点。实体企业进军金融行业的原因之一是实体经营利润率的下降。因此，从根本上解决企业"脱实向虚"的关键在于，提高实体经营利润率，让金融扶持实体经济的发展。如推动产业结构升级，推进创新驱动发展战略；通过税收减免等手段降低实体企业运营成本；通过金融运作盘活企业优质资产，让金融资本服务产业经济。

从实体企业自身角度出发，本书主要从公司治理层面，针对金融资产配置背后的委托代理问题，就如何完善上市公司的内部治理结构以降低管理者短视行为提出建议。首先，增强企业的内部信息透明度。根据本书的研究结论，当企业的财务报告由四大审计机构审查时，也即企业的内部信息透明度较高时，管理层的机会主义动机较弱，会有效地降低入选股指成份股对企业金融资产持有的促进作用。另外，本书的研究结论也表明，入选成份股增大了社会责任信息披露的概率，然而社会责任信息披露的声誉保险效应加剧了企业金融资产投资。这说明了，一方面，当前阶段，对企业内部信息的真实性与有效性进行专业的审核十分必要。企业要加强对外部审计的重视程度，选择更权威的会计机构审核财务报告，并及时根据审计结果对企业内部控制等方面查漏补缺。另一方面，企业自身也应主动提高内部信息透明度，完善企业信息披露制度，必要时可尝试将信息披露质量与管理层薪酬相挂钩，这可以有效督促管理层披露有效的信息，抑制其机会主义动机。

其次，优化企业内部股权结构也是一种行之有效的方法。本书的研究结论表明，股权集中度的提高可以有效改善企业的治理环境，加强大股东对管理者的监督，从而负向调节了入选股指成份股与企业金融资产配置的正向关系。大股东持股比例的增加能有效遏制管理层作出有损企业长期发展的投资决策。因此，完善企业内部治理结构时，积极发挥大股东的治理效应，通过优化股权结构的方式，鼓励股权适度地集中。

最后，优化企业资产结构。有形资产和无形资产构成了企业的全部资产。有形资产包括实物资产和金融资产。虽然持有一定数量的金融资产能保证流动性，但是若企业出现金融资产配置过重则需要及时调整和优化资产配置结构。企业可以根据企业所处的生命周期阶段等合理地设定金融资产的配置上限。对于处于成长期的企业而言，主营业务发展所需资金缺口较大，过多地配置金融资产会影响企业的长期发展。而对于成熟期和衰退期的企业而言，可适当地配置金融资产来改善企业业绩。另外，也可将企业金融资产的配置比例作为评价管理层经营业绩的一个环节，从而加强对企业资产配置质量的监管。

7.3　研究不足与展望

本书从资本市场制度出发评估了入选沪深300指数成份股对企业金融资产配置的影响，不仅丰富了股指成份股调整效应研究，还为解释实体企业金融资产配置的影响因素提供了新的视角。基于本书的主要研究结论提出相应的理论与实践启示后，笔者总结了本书研究的不足以及对未来研究的相关展望。

（1）入选股指成份股影响企业金融资产配置的潜在机制仍然是未来研究的重点。本书的实证结果认为，入选沪深300指数成份股没有显著提高分析师的关注度；尽管入选沪深300指数成份股提高了机构投资者持股，但主要是提高了压力敏感型机构投资者持股，对于监督型机构投资者持股并没有显著影响。因此，推测入选股指成份股并没有有效增强对企业的监督。从分析师关注的角度来看，本书参考现有学者的做法，采用发布研究报告的分析师人数来衡量。采用这样的衡量方式去反映分析师对企业的外部监督存在一定的缺陷。实际上，高质量且分类的研究报告会更加有效地向市场传递信息。在未来的研究中，需要进一步对分析师发布的研究报告进行多维度分类。未来可以采用机器学习算法对分析师发布的报告进行文本分析，有效地细分类别，以更加准确地认识分析师在改善资本市场效率和对企业监管中所发挥的作用。

（2）基于数据的可得性，本书仅尝试从融资约束、股价同步性、企业内部治理水平、社会责任信息披露等探究入选股指成份股影响企业金融资产配置的可能途径。但是，需要注意的是，企业金融投资决策受到各种复杂因素的影响，很可能还存在其他的影响路径。因此，后续研究中，会进一步探讨其他可能的影响路径，来补充现有研究对路径探讨的不足。

（3）本书研究的落脚点是企业金融资产配置，研究结果发现入选沪深 300 指数成份股增加了金融资产的配置，以实现对短期绩效的追逐。关于企业对短期绩效的追逐如何影响企业的长期价值等并未进一步分析。后续研究过程中，也将结合目前的研究结论，继续分析入选沪深 300 指数成份股对于长期企业估值、股东权益等的影响，以期进一步丰富入选沪深 300 指数成份股的影响，并厘清其影响背后的潜在逻辑。

（4）本书研究的重点是入选沪深 300 指数成份股的影响。沪深 300 指数成份股覆盖的是市值规模较大的企业。中证规模系列指数不仅报告沪深 300 指数，还包含中证 1000 指数等。例如，中证 1000 指数成份股是由市值规模偏小的 1000 只股票构成。不同市值规模的股指成份股调整对企业金融投资的影响可能存在差异。未来的研究可进一步分析入选中证 1000 指数成份股的影响，并将其结果与本书结果进行对比分析，梳理出影响效果存在差异的原因等。

附录 1　入选沪深 300 指数成份股
对金融资产配置的影响

关于入选沪深 300 指数成份股对企业金融资产配置影响的一阶段与两阶段结果报告在附表 1 中。

附表 1　　　　入选沪深 300 指数成份股对金融资产配置的影响

变量	*CSI*300	*CSI*300 × *X*	*Y*
	（1） 一阶段估计	（2） 一阶段估计	（3） 两阶段估计
T	0. 309 *** （0. 023）	− 2. 315 *** （0. 772）	—
T × *X*	0. 002 *** （0. 001）	0. 496 *** （0. 024）	—
*CSI*300	—	—	1. 903 *** （0. 600）
*CSI*300 × *X*	—	—	− 0. 002 （0. 014）
X	0. 000 （0. 001）	0. 000 （0. 017）	− 0. 007 （0. 004）
常数项	0. 005 （0. 033）	0. 677 （1. 117）	1. 859 *** （0. 277）
观测值个数	2665	2665	2665
定期调整的固定效果	是	是	是

注：*** 表示在 1% 的水平上显著，括号中数字为标准误。最优带宽的选择基准是 CCT 的经验法则，采用三角核函数加权。

附录 2　入选沪深 300 指数成份股对短期金融资产配置的影响

关于入选沪深 300 指数成份股对企业短期金融资产配置影响的一阶段与两阶段结果报告在附表 2 中。

附表 2　　　入选沪深 300 指数成份股对短期金融资产配置的影响

变量	$CSI300$ (1) 一阶段估计	$CSI300 \times X$ (2) 一阶段估计	Y^S (3) 两阶段估计
T	0.308 *** (0.023)	−2.379 *** (0.777)	—
$T \times X$	0.003 *** (0.001)	0.499 *** (0.023)	—
$CSI300$	—	—	1.555 *** (0.516)
$CSI300 \times X$	—	—	−0.005 (0.097)
X	0.000 (0.000)	0.000 (0.017)	−0.005 (0.003)
常数项	0.006 (0.033)	0.685 (1.125)	1.569 *** (0.238)
观测值个数	2696	2696	2696
拟合优度	0.242	0.365	0.316
定期调整的固定效果	是	是	是

注：*** 表示在 1% 的水平上显著，括号中数字为标准误。最优带宽的选择基准是 CCT 的经验法则，采用三角核函数加权。

附录3　入选沪深300指数成份股对长期金融资产配置的影响

关于入选沪深 300 指数成份股对于企业长期金融资产配置影响的一阶段与两阶段结果报告在附表 3 中。

附表 3　　入选沪深 300 指数成份股对长期金融资产配置的影响

变量	*CSI*300	*CSI*300 × X	Y^L
	(1) 一阶段估计	(2) 一阶段估计	(3) 两阶段估计
T	0. 285 *** (0. 019)	− 5. 935 *** (0. 934)	—
T × X	0. 003 *** (0. 000)	0. 643 *** (0. 019)	—
*CSI*300	—	—	0. 457 ** (0. 232)
*CSI*300 × X	—	—	0. 001 (0. 002)
X	− 3. 42e − 06 (0. 000)	− 0. 002 (0. 014)	− 0. 0017 (0. 001)
常数项	− 0. 001 (0. 027)	− 0. 148 (1. 346)	0. 266 ** (0. 104)
观测值个数	3943	3943	3943
定期调整的固定效果	是	是	是

注：***、** 分别表示在 1%、5% 的水平上显著，括号中数字为标准误。最优带宽的选择基准是 CCT 的经验法则，采用三角核函数加权。

附录 4　入选沪深 300 指数成份股对各分项金融资产配置的影响

关于入选沪深 300 指数成份股对于各个分项金融资产配置影响的一阶段与两阶段结果报告在附表 4 中。

附表 4　入选沪深 300 指数成份股对不同类型的金融资产配置的影响

项目	交易性金融资产占比	可供出售金融资产占比	发放贷款及垫款占比	衍生金融资产占比	持有至到期投资占比	投资性房地产占比
	(1)	(2)	(3)	(4)	(5)	(6)
Panel A：一阶段估计						
基准线性回归	0.288 *** (0.020)	0.304 *** (0.023)	0.290 *** (0.020)	0.298 *** (0.021)	0.259 *** (0.017)	0.295 *** (0.021)
Panel B：处理效应估计						
基准线性回归	0.150 (0.142)	1.525 *** (0.469)	−0.131 (0.104)	0.0008 (0.008)	0.028 (0.097)	0.375 * (0.025)
样本量	3670	2766	3571	3104	5000	3304

注：括号中数字为标准误；***、* 分别表示在 1%、10% 的统计水平上显著。以上回归中均添加了定期调整的固定效果。

附录5　入选沪深300指数成份股对企业研发支出的影响

　　企业的创新活动与一般的投资活动不同，具有高投入、高风险的特点。企业的创新活动需要长期的资金投入，并且短期内很难为企业带来超额收益（杨道广等，2017；解维敏和方红星，2011）。由于委托代理问题的存在，股东对管理层的行为很难做到有效的监督。利益的驱使会使得管理层不愿意投资周期长、不确定性高的长期投资项目（Benmelech et al，2010）。对于企业的管理者而言，管理者在创新活动中具有较大的自主权，对创新投资的决策具有话语权。管理层的短视主义与企业的投资行为息息相关。管理层的短视使得企业更多地考虑当下业绩，进行投资决策时，也会选择期限短、收益高的项目进行投资（Holmstrom，1999）。长期投资虽然有利于企业实现长远的发展，但往往实现收益的期限较长，很难快速提升短期业绩。对于短视的管理者，很可能会利用手中职权减少企业的研发支出。因此，入选股指成份股虽然给企业带来了一系列的资源，但由于管理者的短视主义，入选股指成份股反而降低了对能够促进企业长期发展的研发投资。

　　本书也进一步论证了入选沪深300指数成份股与企业研发支出之间的关系，详细的结果见附表5。关于研发支出的数据，本书从CSMAR数据库中的上市公司研发创新表获得。关于研发支出变量，参考胡楠等（2021）、钟凯等（2017）的做法，本书采用研发支出占总资产的比重来衡量。

附表5 　　　　　　**入选股指成份股对企业研发支出的影响**

变量	CCT		IK	
	（1）	（2）	（3）	（4）
	*CSI*300	*R&D*	*CSI*300	*R&D*
*CSI*300	0.283 *** （0.028）	−1.028 ** （0.511）	0.299 *** （0.031）	−1.187 ** （0.552）
核函数类型	三角核			
定期调整的固定效果	是	是	是	是
观测值	1751	1751	1425	1425

注：***、** 分别表示在1%、5%的水平上显著，括号中数字为标准误。

　　基于CCT带宽和IK带宽下一阶段的结果报告在附表5的列（1）与列（3）。一阶段估计结果显著为正。从列（2）与列（4）报告的两阶段估计结果来看，入选沪深300指数成份股使得企业研发支出降低了约1个百分点。由此来看，入选沪深300指数成份股加剧了管理层提高短期业绩的机会主义行为，这促使管理层调整投资决策，降低了企业长期投资，增加了有利于业绩提升的金融资产投资。

参 考 文 献

[1] 蔡宏标，饶品贵. 机构投资者、税收征管与企业避税 [J]. 会计研究，2015 (10)：59 - 65，97.

[2] 蔡庆丰，宋友勇. 超常规发展的机构投资者能稳定市场吗？——对我国基金业跨越式发展的反思 [J]. 经济研究，2010，45 (1)：90 - 101.

[3] 曹裕，陈晓红，李喜华. 企业不同生命周期阶段智力资本价值贡献分析 [J]. 管理科学学报，2010，13 (5)：21 - 32，90.

[4] 曹裕，熊寿遥，胡韩莉. 企业生命周期下智力资本与创新绩效关系研究 [J]. 科研管理，2016，37 (10)：69 - 78.

[5] 陈甫军，周末. 市场势力与规模效应的直接测度——运用新产业组织实证方法对中国钢铁产业的研究 [J]. 中国工业经济，2009 (11)：45 - 55.

[6] 褚剑，秦璇，方军雄. 中国式融资融券制度安排与分析师盈利预测乐观偏差 [J]. 管理世界，2019，35 (1)：151 - 166，228.

[7] 戴静，张建华. 金融所有制歧视，所有制结构与创新产出——来自中国地区工业部门的证据 [J]. 金融研究，2013 (5)：86 - 98.

[8] 戴赜，彭俞超，马思超. 从微观视角理解经济"脱实向虚"——企业金融化相关研究述评 [J]. 外国经济与管理，2018，40 (11)：31 - 43.

[9] 邓迦予. 中国上市公司金融化程度研究 [D]. 成都：西南财经大学，2014.

[10] 邓建平，曾勇. 金融生态环境、银行关联与债务融资——基于我国民营企业的实证研究 [J]. 会计研究，2011 (12)：33－40，96－97.

[11] 杜勇，邓旭. 中国式融资融券与企业金融化——基于分批扩容的准自然实验 [J]. 财贸经济，2020，41 (2)：71－85.

[12] 杜勇，眭鑫. 控股股东股权质押与实体企业金融化——基于"掏空"与控制权转移的视角 [J]. 会计研究，2021 (2)：102－119.

[13] 杜勇，王婷. 管理者金融危机经历影响企业金融化水平吗？——基于中国上市公司的实证研究 [J]. 商业经济与管理，2019 (8)：58－71.

[14] 杜勇，谢瑾，陈建英. CEO 金融背景与实体企业金融化 [J]. 中国工业经济，2019，374 (5)：138－156.

[15] 杜勇，张欢，陈建英. 金融化对实体企业未来主业发展的影响：促进还是抑制 [J]. 中国工业经济，2017 (12)：113－131.

[16] 段军山，庄旭东. 金融投资行为与企业技术创新——动机分析与经验证据 [J]. 中国工业经济，2021 (1)：155－173.

[17] 段梅，李志强. 经济政策不确定性、融资约束与全要素生产率——来自中国上市公司的经验证据 [J]. 当代财经，2019 (6)：3－12.

[18] 范建华，张静. 基于 Fama－French 三因子模型的沪深 300 指数效应实证研究 [J]. 重庆工商大学学报（社会科学版），2013 (3)：31－38.

[19] 冯晓晴，王德宏，宋建波. 衍生金融工具、套期会计与股价崩盘风险——基于 A 股金融类上市公司的实证研究 [J]. 金融评论，2019，11 (2)：95－106，125.

[20] 高勇强，陈亚静，张云均. "红领巾"还是"绿领巾"：民营企业慈善捐赠动机研究 [J]. 管理世界，2012 (8)：106－114，146.

[21] 谷丰，张林，张凤元. 生命周期、高管薪酬激励与企业创新投资——来自创业板上市公司的经验证据 [J]. 中南财经政法大学学报，

2018（1）：146－156.

[22] 顾雷雷，郭建鸾，王鸿宇. 企业社会责任、融资约束与企业金融化 [J]. 金融研究，2020（2）：109－127.

[23] 顾雷雷，王鸿宇，彭俞超. 重大突发公共事件的长期影响：疫情经历、不确定预期与企业金融投资 [J]. 经济学（季刊），2022，22（3）：1017－1038.

[24] 何德旭，王朝阳. 中国金融业高增长：成因与风险 [J]. 财贸经济，2017（7）：16－32.

[25] 何光辉，杨咸月. 融资约束对企业生产率的影响——基于系统 GMM 方法的国企与民企差异检验 [J]. 数量经济技术经济研究，2012（5）：19－35.

[26] 胡本伟. 中国制造业上市公司的融资约束 [D]. 南京：南京大学，2014.

[27] 胡海峰，窦斌，王爱萍. 企业金融化与生产效率 [J]. 世界经济，2020，43（1）：70－96.

[28] 胡楠，薛付婧，王昊楠. 管理者短视主义影响企业长期投资吗？——基于文本分析和机器学习 [J]. 管理世界，2021，37（5）：139－156.

[29] 胡奕明，王雪婷，张瑾. 金融资产配置动机："蓄水池"或"替代"？——来自中国上市公司的证据 [J]. 经济研究，2017，52（1）：181－194.

[30] 黄长青，陈伟忠. 中国股票市场指数效应的实证研究 [J]. 同济大学学报（自然科学版），2005（2）：269－274.

[31] 黄宏斌，翟淑萍，陈静楠. 企业生命周期、融资方式与融资约束——基于投资者情绪调节效应的研究 [J]. 金融研究，2016（7）：96－112.

[32] 黄凯，刘亚辉，尹玉刚. 成份股调整改变企业权益资本成本了

吗——兼论产权性质的影响 [J]. 会计研究, 2021 (3): 122-136.

[33] 黄贤环, 吴秋生, 王瑶. 金融资产配置与企业财务风险:"未雨绸缪" 还是 "舍本逐末" [J]. 财经研究, 2018, 44 (12): 100-125.

[34] 柯艳蓉, 李玉敏, 吴晓晖. 控股股东股权质押与企业投资行为——基于金融投资和实业投资的视角 [J]. 财贸经济, 2019, 40 (4): 17.

[35] 孔东民, 李海洋, 杨薇. 定向降准、贷款可得性与小微企业商业信用——基于断点回归的经验证据 [J]. 金融研究, 2021 (3): 77-94.

[36] 李春涛, 宋敏, 张璇. 分析师跟踪与企业盈余管理——来自中国上市公司的证据 [J]. 金融研究, 2014 (7): 124-139.

[37] 李静波. 分析师关注对企业金融化的影响研究 [D]. 长春: 吉林大学, 2021.

[38] 李强, 孙田田. 入选股指成份股会影响企业环保投资吗? ——基于沪深 300 指数的实证研究 [J]. 中国地质大学学报 (社会科学版), 2020, 111 (1): 61-72.

[39] 李挺, 陆雪君. 股指成份股调整与股价同步性——基于一项准自然实验的证据 [J]. 会计与经济研究, 2021, 35 (2): 62-83.

[40] 李卫兵, 张凯霞. 空气污染对企业生产率的影响——来自中国工业企业的证据 [J]. 管理世界, 2019, 35 (10): 95-112, 119.

[41] 李文贵, 邵毅平. 创始人管理、企业金融化与主业发展 [J]. 财贸研究, 2020, 31 (9): 76-87.

[42] 李馨子, 牛煜皓, 张广玉. 客户集中度影响企业的金融投资吗? [J]. 会计研究, 2019 (9): 65-70.

[43] 李元, 王擎. 宽松货币政策对企业金融资产配置影响的实证研究 [J]. 中国软科学, 2020 (4): 154-163.

[44] 李云鹤, 李湛, 唐松莲. 企业生命周期、公司治理与公司资本配置效率 [J]. 南开管理评论, 2011, 14 (3): 110-121.

［45］梁上坤，崔怀谷，袁淳．股指成份股调整与公司盈余管理——基于一项准自然实验的研究［J］．财经研究，2021，47（7）：124-138.

［46］梁上坤，崔怀谷，袁淳．股指成份股调整与企业融资约束——基于一项准自然实验的研究［J］．金融评论，2020.

［47］梁上坤，张宇，王彦超．内部薪酬差距与公司价值——基于生命周期理论的新探索［J］．金融研究，2019（4）：188-206.

［48］刘贯春，刘媛媛，张军．金融资产配置与中国上市公司的投资波动［J］．经济学（季刊），2019，18（2）：573-596.

［49］刘贯春，刘媛媛，张军．经济政策不确定性与中国上市公司的资产组合配置——兼论实体企业的"金融化"趋势［J］．经济学（季刊），2020，20（5）：65-86.

［50］刘贯春，张军，刘媛媛．金融资产配置、宏观经济环境与企业杠杆率［J］．世界经济，2018，41（1）：148-173.

［51］刘京军，徐浩萍．机构投资者：长期投资者还是短期机会主义者？［J］．金融研究，2012（9）：141-154.

［52］刘珺，盛宏清，马岩．企业部门参与影子银行业务机制及社会福利损失模型分析［J］．金融研究，2014（5）：96-109.

［53］刘良师．沪深300指数成份股调整的价格效应检验［D］．成都：西南财经大学，2019.

［54］刘姝雯，刘建秋，阳旸，等．企业社会责任与企业金融化：金融工具还是管理工具？［J］．会计研究，2019（9）：57-64.

［55］刘伟，曹瑜强．机构投资者驱动实体经济"脱实向虚"了吗［J］．财贸经济，2018，39（12）：80-94.

［56］刘行，赵健宇，叶康涛．企业避税、债务融资与债务融资来源——基于所得税征管体制改革的断点回归分析［J］．管理世界，2017（10）：113-129.

［57］柳永明，罗云峰．外部盈利压力、多元化股权投资与企业的金

融化 [J]. 财经研究, 2019 (3)：73 – 85.

[58] 陆蓉, 兰袁. 中国式融资融券制度安排与实体企业金融投资 [J]. 经济管理, 2020, 42 (8)：157 – 172.

[59] 陆蓉, 谢晓飞. 凤尾变鸡头：被忽视的指数成份股交换 [J]. 金融研究, 2020 (6)：171 – 187.

[60] 陆蓉, 朱思源, 徐天丽. 股指成份股调整与公司投资效率 [J]. 南开管理评论, 2022：1 – 20.

[61] 逯东, 余渡, 杨丹. 财务报告可读性、投资者实地调研与对冲策略 [J]. 会计研究, 2019 (10)：34 – 41.

[62] 吕长江, 张海平. 股权激励计划对公司投资行为的影响 [J]. 管理世界, 2011 (11)：118 – 126, 188.

[63] 马超, 李植乐, 孙转兰, 等. 养老金对缓解农村居民医疗负担的作用——为何补贴收入的效果好于补贴医保 [J]. 中国工业经济, 2021 (4)：43 – 61.

[64] 孟庆斌, 侯粲然. 社会责任履行与企业金融化——信息监督还是声誉保险 [J]. 经济学动态, 2020 (2)：45 – 58.

[65] 孟庆斌, 邹洋, 侯德帅. 卖空机制能抑制上市公司违规吗？ [J]. 经济研究, 2019, 54 (6)：89 – 105.

[66] 聂辉华, 阮睿, 沈吉. 企业不确定性感知、投资决策和金融资产配置 [J]. 世界经济, 2020, 43 (6)：77 – 98.

[67] 牛煜皓, 卢闯. 高管贫困经历与企业金融资产配置 [J]. 中南财经政法大学学报, 2020 (3)：35 – 45.

[68] 潘越, 戴亦一, 林超群. 信息不透明、分析师关注与个股暴跌风险 [J]. 金融研究, 2011 (9)：138 – 151.

[69] 庞凤喜, 刘畅. 企业税负、虚拟经济发展与工业企业金融化——来自 A 股上市公司的证据 [J]. 经济理论与经济管理, 2019 (3)：84 – 94.

[70] 彭俞超, 韩珣, 李建军. 经济政策不确定性与企业金融化

[J]. 中国工业经济, 2018 (1): 137 - 155.

[71] 彭俞超, 倪骁然, 沈吉. 企业"脱实向虚"与金融市场稳定——基于股价崩盘风险的视角 [J]. 经济研究, 2018, 53 (10): 50 - 66.

[72] 乔嗣佳, 李扣庆, 佟成生. 党组织参与治理与国有企业金融化 [J]. 金融研究, 2022 (5): 133 - 151.

[73] 裘孝锋, 徐剑刚. 我国股价指数成份股调整的价格效应和成交量效应 [J]. 复旦大学学报, 2004 (3): 41 - 43.

[74] 权小锋, 吴世农, 尹洪英. 企业社会责任与股价崩盘风险:"价值利器"或"自利工具"? [J]. 经济研究, 2015, 50 (11): 49 - 64.

[75] 沈纪初. 产品市场竞争对非金融企业金融化的影响研究 [D]. 北京: 中国财政科学研究院, 2021.

[76] 宋军, 陆旸. 非货币金融资产和经营收益率的 U 形关系——来自我国上市非金融公司的金融化证据 [J]. 金融研究, 2015 (6): 111 - 127.

[77] 宋献中, 胡珺, 李四海. 社会责任信息披露与股价崩盘风险——基于信息效应与声誉保险效应的路径分析 [J]. 金融研究, 2017 (4): 161 - 175.

[78] 宋玉, 沈吉, 范敏虹. 上市公司的地理特征影响机构投资者的持股决策吗?——来自中国证券市场的经验证据 [J]. 会计研究, 2012 (7): 72 - 79, 97.

[79] 谭德凯, 田利辉. 民间金融发展与企业金融化 [J]. 世界经济, 2021, 44 (3): 61 - 85.

[80] 唐皓, 貌学俊. 高管持股、投资行为与非金融企业金融化 [J]. 国际商务财会, 2019 (7): 90 - 96.

[81] 陶晓慧, 钱淑琼, 林子昂. 资本市场开放与企业金融化——基于"沪港通"的准自然实验 [J]. 财会通讯, 2021 (6): 19 - 23.

[82] 田利辉. 国有产权、预算软约束和中国上市公司杠杆治理

[J]. 管理世界, 2005 (7): 123 – 128, 147.

[83] 田利辉, 王可第. 社会责任信息披露的"掩饰效应"和上市公司崩盘风险——来自中国股票市场的 DID – PSM 分析 [J]. 管理世界, 2017 (11): 146 – 157.

[84] 万良勇, 查媛媛, 饶静. 实体企业金融化与企业创新产出——有调节的中介效应 [J]. 会计研究, 2020 (11): 98 – 111.

[85] 汪旭东. 沪深 300 指数效应实证分析 [J]. 技术与市场, 2009 (10): 15 – 16.

[86] 王红建, 曹瑜强, 杨庆, 等. 实体企业金融化促进还是抑制了企业创新——基于中国制造业上市公司的经验研究 [J]. 南开管理评论, 2017, 20 (1): 155 – 166.

[87] 王红建, 李茫茫, 汤泰劼. 实体企业跨行业套利的驱动因素及其对创新的影响 [J]. 中国工业经济, 2016 (11): 73 – 89.

[88] 王少华. 企业金融化适度性、宏观经济政策与创新 [D]. 太原: 山西财经大学, 2019.

[89] 王圣菅. 入选股指成份股与企业环境信息披露质量 [D]. 徐州: 中国矿业大学, 2020.

[90] 王瑶, 黄贤环. 内部控制与实体企业金融化: 治理效应抑或助推效应 [J]. 财经科学, 2020 (2): 26 – 38.

[91] 魏浩, 白明浩, 郭也. 融资约束与中国企业的进口行为 [J]. 金融研究, 2019 (2): 98 – 116.

[92] 文春晖, 任国良. 虚拟经济与实体经济分离发展研究——来自中国上市公司 2006 ~ 2013 年的证据 [J]. 中国工业经济, 2015 (12): 115 – 129.

[93] 吴育辉, 吴世农. 股票减持过程中的大股东掏空行为研究 [J]. 中国工业经济, 2010 (5): 121 – 130.

[94] 解维敏, 方红星. 金融发展、融资约束与企业研发投入 [J].

金融研究，2011（5）：171－183.

[95] 解维敏．"脱虚向实"与建设创新型国家：践行十九大报告精神 [J]．世界经济，2018，41（8）：3－25.

[96] 肖忠意，林琳．企业金融化、生命周期与持续性创新——基于行业分类的实证研究 [J]．财经研究，2019，45（8）：43－57.

[97] 谢富胜，匡晓璐．制造业企业扩大金融活动能够提升利润率吗？——以中国 A 股上市制造业企业为例 [J]．管理世界，2020，36（12）：13－28.

[98] 谢家智，王文涛，江源．制造业金融化、政府控制与技术创新 [J]．经济学动态，2014（11）：78－88.

[99] 谢谦，薛仙玲，付明卫．断点回归设计方法应用的研究综述 [J]．经济与管理评论，2019，35（2）：69－79.

[100] 辛清泉，孔东民，郝颖．公司透明度与股价波动性 [J]．金融研究，2014（10）：193－206.

[101] 徐经长，曾学云．公允价值计量与管理层薪酬契约 [J]．会计研究，2010（3）：12－19.

[102] 徐寿福，姚禹同．股价信息含量与非金融企业金融化 [J]．会计研究，2021（8）：22－37.

[103] 徐欣，唐清泉．财务分析师跟踪与企业 R&D 活动——来自中国证券市场的研究 [J]．金融研究，2010（12）：173－189.

[104] 许罡，朱卫东．金融化方式、市场竞争与研发投资挤占——来自非金融上市公司的经验证据 [J]．科学学研究，2017，35（5）：709－719，728.

[105] 闫海洲，陈百助．产业上市公司的金融资产：市场效应与持有动机 [J]．经济研究，2018，53（7）：152－166.

[106] 杨道广，陈汉文，刘启亮．媒体压力与企业创新 [J]．经济研究，2017，52（8）：125－139.

[107] 杨海燕, 韦德洪, 孙健. 机构投资者持股能提高上市公司会计信息质量吗? ——兼论不同类型机构投资者的差异 [J]. 会计研究, 2012 (9): 16−23, 96.

[108] 杨筝, 王红建, 戴静, 等. 放松利率管制、利润率均等化与实体企业"脱实向虚" [J]. 金融研究, 2019 (6): 20−38.

[109] 姚东旻, 张日升, 李嘉晟. 指数效应存在吗——来自"沪深300"断点回归的证据 [R]. 工作论文, 2016.

[110] 姚颐, 刘志远. 震荡市场、机构投资者与市场稳定 [J]. 管理世界, 2008 (8): 22−32.

[111] 叶康涛, 刘芳, 李帆. 股指成份股调整与股价崩盘风险: 基于一项准自然实验的证据 [J]. 金融研究, 2018 (3): 172−189.

[112] 叶永卫, 李增福. 国企"混改"与企业金融资产配置 [J]. 金融研究, 2021 (3): 114−131.

[113] 余琰, 李怡宗. 高息委托贷款与企业创新 [J]. 金融研究, 2016 (4): 99−114.

[114] 袁鲲. 沪深300指数成份股调整价格效应的理论评述与实证检验 [J]. 新金融, 2010 (8): 47−51.

[115] 袁知柱, 鞠晓峰. 中国上市公司会计信息质量与股价信息含量关系实证检验 [J]. 中国管理科学, 2008, 16 (S1): 231−234.

[116] 翟光宇, 姜美君, 段秋爽. 实体企业金融化与实物资本投资——基于2009~2018年制造业上市公司的实证分析 [J]. 经济学动态, 2021 (1): 85−104.

[117] 翟胜宝, 易旱琴, 郑洁, 等. 银企关系与企业投资效率——基于我国民营上市公司的经验证据 [J]. 会计研究, 2014 (4): 74−80, 96.

[118] 张成思, 张步昙. 再论金融与实体经济: 经济金融化视角 [J]. 经济学动态, 2015 (6): 56−66.

[119] 张成思, 张步昙. 中国实业投资率下降之谜: 经济金融化视角 [J]. 经济研究, 2016, 51 (12): 32 - 46.

[120] 张成思, 郑宁. 中国实体企业金融化: 货币扩张、资本逐利还是风险规避? [J]. 金融研究, 2020 (9): 1 - 19.

[121] 张程睿, 王华. 公司信息透明度: 经验研究与未来展望 [J]. 会计研究, 2006 (12): 54 - 60, 96.

[122] 张华东, 马荣. 安徽省制造业出口与全要素生产率分析——基于上市公司数据 [J]. 淮北师范大学学报 (哲学社会科学版), 2018, 39 (6): 53 - 58.

[123] 张晓玫, 马文睿, 宋卓霖. 企业生命周期、银行贷款与现金持有行为——基于非上市民营中小微企业的实证研究 [J]. 中国经济问题, 2015 (1): 63 - 76.

[124] 甄红线, 王谨乐. 机构投资者能够缓解融资约束吗? ——基于现金价值的视角 [J]. 会计研究, 2016 (12): 51 - 57, 96.

[125] 郑天天. 股指成份股调整降低了企业的投资效率吗? [J]. 金融与经济, 2019 (5): 70 - 76.

[126] 钟凯, 杨鸣京, 程小可. 制度环境、公司治理与企业创新投资: 回顾与展望 [J]. 金融评论, 2017, 9 (6): 60 - 71, 124 - 125.

[127] 朱红军, 何贤杰, 陶林. 中国的证券分析师能够提高资本市场的效率吗——基于股价同步性和股价信息含量的经验证据 [J]. 金融研究, 2007 (2): 110 - 121.

[128] 朱文莉, 白俊雅. 股价波动会影响企业的融资效率吗——来自创业板经验证据 [J]. 财会月刊, 2018 (15): 50 - 58.

[129] Ackerberg D A, Caves K & Frazer G. Identification Properties of Recent Production Function Estimators [J]. Econometrica, 2015, 83 (6): 2411 - 2451.

[130] Adizes I. How and Why Corporation Grow and Die and What to Do

about it: Corporate Life Cycle [M]. Englewood Cliffs, NJ: Prentice Hall, 1989.

[131] Agarwal R, & Elston J A. Bank-Firm Relationships, Financing and Firm Performance in Germany [J]. Economics Letters, 2001, 72 (2): 225 – 232.

[132] Akerlof G. The Market for Lemons: Qualitative Uncertainty and the Market Mechanism [J]. Quarterly Journal of Economics, 1970, 84 (3): 488 – 500.

[133] Akkemik K A & Özen Ş. Macroeconomic and Institutional Determinants of Financialisation of Non-financial Firms: Case Study of Turkey [J]. Socio-economic Review, 2014, 12 (1): 71 – 98.

[134] Amihud Y & Mendelson H. Asset Pricing and the Bid-ask Spread [J]. Journal of Financial Economics, 1986, 17 (2): 223 – 249.

[135] Ang J S, Cole R A , Lin J W. Agency Costs and Ownership Structure [J]. The Journal of Finance, 2000, 55 (1): 81 – 106.

[136] Appel I, Gormley T A , Keim D B. Identification Using Russell 1000/2000 Index Assignments: A Discussion of Methodologies [J]. Critical Finance Review, Forthcoming, 2020.

[137] Arrighi G. The Long Twentieth Century: Money, Power, and the Origins of Our Times [M]. London: Verso, 1994.

[138] Asher S, Novosad P. Rural Roads and Local Economic Development [J]. American Economic Review, 2020, 110 (3): 797 – 823.

[139] Beatty R P. Auditor Reputation and the Pricing of Initial Public Offerings [J]. The Accounting Review, 1989: 693 – 709.

[140] Becker-Blease J R & Paul D L. Stock Liquidity and Investment Opportunities: Evidence from Index Additions [J]. Financial Management, 2006, 35 (3): 35 – 51.

［141］ Becker S O, Egger P H & Von Ehrlich M. Absorptive Capacity and the Growth and Investment Effects of Regional Transfers: A Regression Discontinuity Design with Heterogeneous Treatment Effects ［J］. American Economic Journal: Economic Policy, 2013, 5 (4): 29 – 77.

［142］ Ben-David I, Franzoni F & Moussawi R. An Improved Method to Predict Assignment of Stocks into Russell Indexes ［R］. National Bureau of Economic Research, Working Paper, 2019.

［143］ Beneish M D & Gardner J C. Information Costs and Liquidity Effects from Changes in the Dow Jones Industrial Average list ［J］. Journal of Financial and Quantitative Analysis, 1995, 30 (1): 135 – 157.

［144］ Benmelech E & Kandel E. Stock-based Compensation and CEO (dis) Incentives ［J］. Quarterly Journal of Economics, 2010, 125 (4): 1769 – 1820.

［145］ Berlin M & Loeys J. Bond Covenants and Delegated Monitoring ［J］. The Journal of Finance, 1988, 43 (2): 397 – 412.

［146］ Bhattacharya S. Imperfect Information, Dividend Policy, and "the Bird in the Hand" Fallacy ［J］. The Bell Journal of Economics, 1979: 259 – 270.

［147］ Bloom N, Bond S & Reenen J V. Uncertainty and Investment Dynamics ［J］. The Review of Economic Studies, 2007, 4 (2): 391 – 415.

［148］ Boone A L & White J T. The Effect of Institutional Ownership on Firm Transparency and Information Production ［J］. Journal of Financial Economics, 2015, 117 (3): 508 – 533.

［149］ Brisker E R, Çolakb G, Peterson D R. Changes in Cash Holdings around the S&P 500 Additions ［J］. Journal of Banking & Finance, 2013, 37 (5): 1787 – 1807.

［150］ Cai J. What's in the News? Information Content of S&P 500 Additions [J]. Financial Management, 2007, 36 (3): 113 – 124.

[151] Calonico S, Cattaneo M D, Farrell M H. Coverage Error Optimal Confidence Intervals for RegressionDiscontinuity Designs [R]. University of Michigan, Working Paper, 2017a.

[152] Calonico S, Cattaneo M D, Farrell M H, Titiunik R. Rdrobust: Software for Regression-Discontinuity Designs [J]. Stata Journal, 2017b, 17 (2): 372 – 404.

[153] Cao C, Gustafson M, Velthuis R. Index Membership and Small Firm Financing [J]. Management Science, 2019, 65 (9): 3949 – 4450.

[154] Carpenter C S, Dobkin C, Warman C. The Mechanisms of Alcohol Control [J]. Journal of Human Resources, 2016, 51 (2): 328 – 356.

[155] Chang Y C, Hong H, Liskovich I. Regression Discontinuity and the Price Effects of Stock Market Indexing [J]. Review of Financial Studies, 2015, 28 (1): 212 – 246.

[156] Chan K, Kot H W, Tang G. A Comprehensive Long-term Analysis of S&P 500 Index Additions and Deletions [J]. Journal of Banking & Finance, 2013, 37 (12): 4920 – 4930.

[157] Chen H, Noronha G, Singal V. The Price Response to S&P 500 Index Additions and Deletions: Evidence of Asymmetry and a New Explanation [J]. The Journal of Finance, 2004, 59 (4): 1901 – 1930.

[158] Chen T, Harford J, Lin C. Do Analysts Matter for Governance? Evidence from Natural Experiments [J]. Journal of Financial Economics, 2015, 115 (2): 383 – 410.

[159] Chen T, Huang Y, Lin C, Sheng Z. Finance and Firm Volatility: Evidence from Small Business Lending in China [J]. Management Science, 2022, 68 (3): 2226 – 2249.

[160] Cho J H, Leshchinskii D, Zaima J K. Earnings Management and

the Reconstitution of the Russell Indexes [J]. Journal of Accounting and Finance, 2017, 17 (4): 10 – 31.

[161] Chung R, Kryzanowski L. Are the Market Effects Associated with Revisions to the TSE300 Index Robust? [J]. Multinational Finance Journal, 1998, 2 (1): 1 – 36.

[162] Clarkson P M, Li Y, Richardson G D. The Market Valuation of Environmental Capital Expenditures by Pulpand Paper Companies [J]. The Accounting Review, 2004, 79 (2): 329 – 353.

[163] Coase R H. The Nature of the Firm [J]. Economica, 1937, 4 (16): 386 – 405.

[164] Core J E, Holthausen R W, Larcker D F. Corporate Governance, Chief Executive Officer Compensation, and Firm Performance [J]. Journal of Financial Economics, 1999, 51 (3): 371 – 406.

[165] Cornett M M, Marcus A J, Saunders A, et al. The Impact of Institutional Ownership on Corporate Operating Performance [J]. Journal of Banking & Finance, 2007, 31 (6): 1771 – 1794.

[166] Crane A D, Michenaud S, Weston J P. The Effect of Institutional Ownership on Payout Policy: Evidence from Index Thresholds [J]. Review of Financial Studies, 2016, 29 (6): 1377 – 1408.

[167] Crawford S S, Roulstone D T, So E C. Analyst Initiations of Coverage and Stock ReturnSynchronicity [J]. The Accounting Review, 2012, 87: 1527 – 1553.

[168] Crotty J. The Neoliberal Paradox: The Impact of Destructive Product Market Competition and Impatient Finance on Nonfinancial Corporations in the Neoliberal Era [J]. Review of Radical Political Economics, 2003, 35 (3): 271 – 279.

[169] Cumming D & Johan S. Phasing Out an Inefficient Venture Capital

Tax Credit [J]. Journal of Industry, Competition and Trade, 2010, 10 (3): 227 – 252.

[170] Dallery T. Post-Keynesian Theories of the Firm under Financialization [J]. Review of Radical Political Economics, 2009, 41 (4): 492 –515.

[171] Davis G F & Kim S. Financialization of the Economy [J]. Annual Review of Sociology, 2015, 41 (1): 203 – 221.

[172] Davis L E. Financialization and Investment: A Survey of the Empirical Literature [J]. Analytical Political Economy, 2018: 207 – 235.

[173] De Loecker J & Warzynski F. Markups and Firm-level Export Status [J]. American Economic Review, 2012, 102 (6): 2437 – 2471.

[174] Demir F. Capital Market Imperfections and Financialization of Real Sectors in Emerging Markets: Private Investment and Cash Flow Relationship Revisited [J]. World Development, 2009a, 37 (5): 953 – 964.

[175] Demir F. Financial Liberalization, Private Investment and Portfolio Choice: Financialization of Real Sectors in Emerging Markets [J]. Journal of Development Economics, 2009b, 88 (2): 314 – 324.

[176] Denis D K, McConnell J J, Ovtchinnikov A V, et al. S&P 500 Index Additions and Earnings Expectations [J]. The Journal of Finance, 2003, 58 (5): 1821 – 1840.

[177] Dhillon U & Johnson H. Changes in the Standard and Poor's 500 List [J]. Journal of Business, 1991, 64 (1): 75 –85.

[178] Diamond D W. Financial Intermediation and Delegated Monitoring [J]. The Review of Economic Studies, 1984, 51 (3): 393 –414.

[179] Dickinson V. Cash Flow Patterns as a Proxy for Firm Life Cycle [J]. The Accounting Review, 2011, 86 (6): 1969 – 1994.

[180] Elayan F A, Li W, Pinfold J F. Price Effects of Changes to the Composition of New Zealand Share Indices [J]. The New Zealand Investment

Analyst, 2001, 21 (3): 25 - 30.

[181] Elfakhani S. An Empirical Examination of the Information Content of Balance Sheet and Dividend Announcements: A Signaling Approach [J]. Journal of Financial and Strategic Decisions, 1995, 8 (2): 65 - 76.

[182] Elliott W B, Van Ness B F, Walker M D, et al. What Drives the S&P 500 Inclusion Effect? An Analytical Survey [J]. Financial Management, 2006, 35 (4): 31 - 48.

[183] Fama E F. Agency Problems and the Theory of the Firm [J]. Journal of Political Economy, 1980, 88 (2): 288 - 307.

[184] Fama E F & Jensen M C. Separation of Ownership and Control [J]. The Journal of Law and Economics, 1983, 26 (2): 301 - 325.

[185] Foster J B. The Financialization of Capitalism [J]. Monthly Review, 2007, 58 (11): 1 - 12.

[186] Froot K, Perold A, Stein J. Shareholder Trading Practices and Corporate Investment Horizons [J]. Journal of Applied Corporate Finance, 1991, 5 (2).

[187] Fudenberg D & Tirole J. Understanding Rent Dissipation: On the Use of Game Theory in Industrial Organization [J]. American Economic Review, 1987, 77 (2): 176 - 183.

[188] Gardner J W. How to Prevent Organizational Dry Rot [J]. Rice Thresher, 1965, 53 (5).

[189] Gaspar J M & Massa M. Idiosyncratic Volatility and Product Market Competition [J]. The Journal of Business, 2006, 79 (6): 3125 - 3152.

[190] Gelb D S & Strawser J A. CorporateSocial Responsibility and Financial Disclosures: An Alternative Explanation for Increased Disclosure [J]. Journal of Business Ethics, 2001, 33 (1): 1 - 13.

[191] Giannetti M, Liao G, Yu X. The Brain Gain of Corporate Boards:

Evidence from China [J]. The Journal of Finance, 2015, 70 (4): 1629 – 1682.

[192] Güner A B, Malmendier U, Tate G. Financial Expertise of Directors [J]. Journal of Financial Economics, 2008, 88 (2): 323 – 354.

[193] Grossman S J & Hart O D. An Analysis of the Principal-agent Problem [M] //Foundations of Insurance Economics. Springer, Dordrecht, 1992: 302 – 340.

[194] Guedes J & Opler T. The Determinants of the Maturity of Corporate Debt Issues [J]. The Journal of Finance, 1996, 51 (5): 1809 – 1833.

[195] Haire M. Biological Models and Empirical Histories of the Growth of Organizations [J]. Modern Organization Theory, 1959, 10: 272 – 306.

[196] Harris L E & Gurel E. Price and Volume Effects Associated with Changes in the S&P 500 List: New Evidence for the Existence of PricePressures [J]. The Journal of Finance, 1986, 41 (4): 815 – 829.

[197] Harris M & Raviv A. Optimal Incentive Contracts with Imperfect Information [J]. Journal of Economic Theory, 1979, 20 (2): 231 – 259.

[198] Hart O D. The Market Mechanism as an Incentive Scheme [J]. The Bell Journal of Economics, 1983: 366 – 382.

[199] Healy P M & Palepu K G. Information Asymmetry, Corporate Disclosure, and the Capital Markets: A Review of the Empirical Disclosure Literature [J]. Journal of Accounting and Economics, 2001, 31 (1 – 3): 405 – 440.

[200] Hegde S P & McDermott J B. The Liquidity Effects of Revisions to the S&P 500 Index: An Empirical Analysis [J]. Journal of Financial Markets, 2003, 6 (3): 413 – 459.

[201] He J & Tian X. The Dark Side of Analyst Coverage: The Case of Innovation [J]. Journal of Financial Economics, 2013, 109 (3): 856 – 878.

［202］ Hemingway C A & Maclagan P W. Managers' Personal Values as Drivers of Corporate Social Responsibility ［J］. Journal of Business Ethics, 2004, 50 (1): 33 -44.

［203］ Holmstrom B, Kaplan S N. Corporate Governance and Merger Activity in the United States: Making Sense of the 1980s and 1990s ［J］. Journal of Economic Perspectives, 2001, 15 (2): 121 -144.

［204］ Holmstrom B. Managerial Incentive Problems: A Dynamic Perspective ［J］. The Review of Economic Studies, 1999, 66 (1): 169 -182.

［205］ Huseynov F, Sardarli S, Zhang W. Does Index Addition Affect Corporate Tax Avoidance ［J］. Journal of Corporate Finance, 2017, 43: 241 - 259.

［206］ Hutton A P, Marcus A J, Tehranian H. Opaque Financial Reports, R2, and Crash Risk ［J］. Journal of Financial Economics, 2009, 94 (1): 67 -86.

［207］ Imbens G W & Kalyanaraman K. Optimal Bandwidth Choice for the Regression Discontinuity Estimator ［J］. The Review of Economic Studies, 2012, 79 (3): 933 -959.

［208］ Imbens G W & Lemieux T. Regression Discontinuity Designs: A Guide to Practice ［J］. Journal of Econometrics, 2008, 142 (2): 615 -635.

［209］ Irvine P J & Pontiff J. Idiosyncratic Return Volatility, Cash Flows, and Product Market Competition ［J］. The Review of Financial Studies, 2009, 22 (3): 1149 -1177.

［210］ Jain P C. The Effect on Stock Price of Inclusion in or Exclusion from the S&P 500 ［J］. Financial Analysts Journal, 1987, 43 (1): 58 -65.

［211］ James B G. The Theory of the Corporate Life Cycle ［J］. Long Range Planning, 1973, 6 (2): 68 -74.

［212］ Jegadeesh N, Kim J. Krische S D, Lee C M. Analyzing the Analysts:

When Do Recommendations Add Value? [J]. The Journal of Finance, 2004, 59 (3): 1083 – 1124.

[213] Jensen M C & Meckling W H. Theory of the Firm: Managerial Behavior, Agency Costs and Ownership Structure [J]. Journal of Financial Economics, 1976, 3 (4): 305 – 60.

[214] Jin L, Myers S C. R2 Around the World: New Theory and New Tests [J]. Journal of Financial Economics, 2006, 79 (2): 257 – 292.

[215] Kaplan S N, Zingales L. Do Investment-cash Flow Sensitivities Provide Useful Measures of Financing Constraints? [J]. Quarterly Journal of Economics, 1997, 112 (1): 169 – 215.

[216] Keynes J M. The General Theory of Interest, Employment and Money [M]. London: Macmillan, 1936.

[217] Khan M, Srinivasan S, Tan L. Institutional Ownership and Corporate Tax Avoidance: New Evidence [J]. The Accounting Review, 2017, 92 (2): 101 – 122.

[218] Koehn D & Ueng J. Is Philanthropy being Used by Corporate Wrongdoers to Buy Good Will? [J]. Journal of Management & Governance, 2010, 14 (1): 1 – 16.

[219] Krippner G R. The Financialization of the American Economy [J]. Socio-Economic Review, 2005, 3 (2): 173 – 208.

[220] Lamoureux C G & Wansley J W. Market Effects of Changes in the Standard & Poo's 500 Index [J]. The Financial Review, 1987, 22 (1): 53 – 69.

[221] Lang M & Maffett M. Economic Effects of Transparency in International Equity Markets: A Review and Suggestions for Future Research [J]. Foundations and Trends in Accounting, 2011, 5 (3): 175 – 241.

[222] Lazonick W. Innovative Business Models and Varieties of Capital-

ism: Financialization of the US Corporation [J]. Business History Review, 2010, 84 (84): 675 - 702.

[223] Lee D S & Lemieux T. Regression Discontinuity Designs in Economics [J]. Journal of Economic Literature, 2010, 48 (2): 281 - 355.

[224] Lehavy R & Udpa S. Kmart: Predicting Bankruptcy, Fresh Start Reporting, and Valuation of Distressed Securities [J]. Issues in Accounting Education, 2011, 26 (2): 391 - 419.

[225] Liang S K, Cui H G, Yuan C. Stock Index Adjustments and Analysts' Forecast Optimism: A Quasi-natural Experiment on the CSI 300 Index [J]. China Journal of Accounting Research, 2022, 15 (3): 28 - 56.

[226] Liu G, Zhang J, Wu H, et al. Financial Asset Allocations and R&D Activities: Evidence from China's Listed Companies [J]. Emerging Markets Finance and Trade, 2019, 55 (3): 531 - 544.

[227] Lu Z, Zhu J, Zhang W. Bank Discrimination, Holding Bank Ownership, and Economic Consequences: Evidence from China [J]. Journal of Banking & Finance, 2012, 36 (2): 341 - 354.

[228] Lynch A W & Mendenhall R R. New Evidence on Stock Price Effects Associated with Changes in the S&P 500 Index [J]. Social Science Electronic Publishing, 1997, 70 (3): 351 - 383.

[229] Mansi S A, Maxwell W F, Miller D P. Does Auditor Quality and Tenure Matter to Investors? Evidence from the Bond Market [J]. Journal of Accounting Research, 2004, 42 (4): 755 - 793.

[230] Mikkelson H & Partch M. Stock Price Effects and Costs of Secondary Distributions [J]. The Journal of Finance Economics, 1985, 14 (2): 165 - 194.

[231] Modigliani F & Miller M. The Cost of Capital, Corporation Finance and the Theory of Investment [J]. American Economic Review, 1958, 48

(3): 261 –297.

[232] Mullins W. The Governance Impact of Index Funds: Evidence from a Regression Discontinuity [R]. Working Paper, 2014.

[233] Myers S C. The Capital Structure Puzzle [J]. The Journal of Finance, 1984, 39 (3): 574 –592.

[234] Opler T, Pinkowitz L, Stulz R, et al. The Determinants and Implications of Corporate Cash Holdings [J]. Journal of Financial Economics, 1999, 52: 3 –46.

[235] Orhangazi O. Financialisation and Capital Accumulation in the Non-financial Corporate Sector: A Theoretical and Empirical Investigation on the US Economy, 1973 –2003 [J]. Cambridge Journal of Economics, 2008, 32 (6): 863 –886.

[236] Orhangazi O. Financialization of the U. S. Economy and Its Effects on Capital Accumulation: A Theoretical and Empirical Investigation [D]. Dissertations & Theses-Gradworks, 2006.

[237] Palley T I. Fiancialization: What It Is and Why It Matters [M]. Financialization Palgrave Macmillan, London, 2013.

[238] Parrino R, Sias R, Starks L. Voting with Their Feet: Institutional Ownership Changes Around Forced CEO Turnover [J]. Journal of Financial Economics, 2003, 68 (1): 3 –46.

[239] Pastor L & Veronesi P. Political Uncertainty and Risk Premier [J]. Journal of Financial Economics, 2013, 110 (3): 520 –545.

[240] Pastor L & Veronesi P. Uncertainty about Government Policy and Stock Prices [J]. The Journal of Finance, 2012, 67 (4): 1219 –1264.

[241] Platikanova P. Long-term Price Effect of S&P 500 Addition and Earnings Quality [J]. Financial Analysts Journal, 2008, 64 (5): 62 –76.

[242] Porter M E. Capital Choices: Changing the Way America Invests

in Industry [J]. Journal of Applied Corporate Finance, 1992, 5 (2): 4 – 16.

[243] Pruitt S W & Wei K C J. Institutional Ownership and Changes in the S&P 500 [J]. The Journal of Finance, 1989, 44: 509 – 514.

[244] Sen S & Dasgupta Z. Financialisation and Corporate Investments: The Indian Case [J]. Review of Keynesian Economics, 2018, 6 (1): 96 – 113.

[245] Shleifer A. Do Demand Curves for Stocks Slope Down? [J]. The Journal of Finance, 1986, 41 (3): 579 – 590.

[246] Shleifer A & Vishny R W. A Survey of Corporate Governance [J]. The Journal of Finance, 1997, 52 (2): 737 – 783.

[247] Sloof R & Sonnemans J. The Interaction Between Explicit and Relational Incentives: An Experiment [J]. Games and Economic Behavior, 2011, 73 (2): 573 – 594.

[248] Stockhammer E. Financialisation and the Slowdown of Accumulation [J]. Cambridge Journal of Economics, 2004, 28 (5): 719 – 741.

[249] Theurillat T, Corpataux J, Crevoisier O. Property Sector Financialization: The Case of Swiss Pension Funds (1992 – 2005) [J]. European Planning Studies, 2010, 18 (2): 189 – 212.

[250] Thistlethwaite D L & Campbell D T. Regression-discontinuity Analysis: An Alternative to the Expost Facto Experiment [J]. Journal of Educational Psychology, 1960, 51 (6): 309.

[251] Tori D & Onaran Ö. The Effects of Financialisation and Financial Development on Investment: Evidence from Firm-Level Data in Europe [J]. Greenwich Papers in Political Economy, 2017.

[252] Tornell A. Real vs. Financial Investment Can Tobin Taxes Eliminate the Irreversibility Distortion? [J]. Journal of Development Economics, 1990,

32 (2): 419 – 444.

[253] Urquiola M & Verhoogen E. Class-size Caps, Sorting, and the Regression-Discontinuity Design [J]. American Economic Review, 2009, 99 (1): 179 – 215.

[254] Vijh A M & Yang K. The Acquisition Performance of S&P 500 Firms [R]. Available at SSRN 950307, Working Paper, 2007.

[255] Wang C, Murgulov Z, Haman J. Impact of Changes in the CSI 300 Index Constituents [J]. Emerging Markets Review, 2015, 24: 13 – 33.

[256] Williamson O E. Markets and Hierarchies: Analysis and Antitrust Implications [M]. New York: Free Press, 1975.

[257] Williamson O E. The Economic Institutions of Capitalism-Transaction Cost Economics [M]. New York: Free Press, 1985.

[258] Williamson O E. The Organization of Work a Comparative Institutional Assessment [J]. Journal of Economic Behavior & Organization, 1980, 1 (1): 5 – 38.

[259] Williamson O E. The Vertical Integration of Production: Market Failure Considerations [J]. American Economic Review, 1971, 61 (2): 112 – 123.

[260] Woolridge J R & Ghosh C. Institutional Trading and Security Prices: The Case of Changes in the Composition of the S&P 500 Index [J]. Journal of Financial Research, 1986, 9 (1): 13 – 24.

[261] Xu N, Chan K C, Jiang X, et al. Do Star Analysts Know More Firm-specific Information? Evidence from China [J]. Journal of Banking & Finance, 2013, 37 (1): 89 – 102.

[262] Yao D M, Zhou S Y, Chen Y J. Price Effects in the Chinese Stock Market: Evidence from the China Securities Index (CSI300) Based on Regression Discontinuity [J]. Finance Research Letters, 2022, 46:

102435.

[263] Zhu S, Jiang X, Ke X, et al. Stock Index Adjustments, Analyst Coverage and Institutional Holdings: Evidence from China [J]. China Journal of Accounting Research, 2017, 10 (3): 281 – 293.